I0760154

TUSCULUM-BÜCHEREI

Herausgeber: Karl Bayer, Hans Färber, Max Faltner

RÖMISCHE GRABINSCHRIFTEN

Gesammelt

und ins Deutsche übertragen von

Hieronymus Geist †

betreut von Gerhard Pfohl

HEIMERAN-VERLAG MÜNCHEN

2. Auflage 1976

Archiv 423 ISBN 3 7765 2088 4
Druck: fotokop, Darmstadt. Bindung: Heinrich Koch, Tübingen
Printed in Germany

Meiner lieben Frau
der sprachkundigen Reisebegleiterin
gewidmet

INHALT

VORWORT

Wir sind gewohnt, die antike Literatur unter großen weltgeschichtlichen und kulturhistorischen Gesichtspunkten zu lesen. Wir wissen wohl, daß es auch eine harmlose Kleinwelt gab, in die uns die offizielle Literatur einigermaßen im Lustspiel einführt; von der griechischen Komödie hat sich jedoch, abgesehen von Aristophanes und Menander, nur wenig erhalten, das lateinische Lustspiel ist in Plautus wohl noch besser vertreten als in Terenz. Das kleine Dasein der antiken Bürgerwelt führt uns auch die römische Satire, vor allem Persius und Juvenal, vor Augen. Dabei sei auch der Petroniusroman genannt.

Neben Lustspiel und Satire des Altertums hat uns auch die Entdeckung zahlreicher antiker Inschriften, die sich von Jahr zu Jahr mehren, Material geliefert, das uns einen Einblick in die Privatverhältnisse der Alten bietet. Namentlich Grabinschriften bringen uns den antiken Menschen vielleicht näher als manches Schriftwerk des Altertums. Sie haben sich in den Ländern des ehemaligen römischen Weltreichs zu Tausenden erhalten und sind wegen der tiefen Einmeißelung der Buchstaben in den Stein oft noch gut lesbar.

Ob nun große, oft ganze Wohnungen darstellende Marmorbauten, denen nicht selten ein Häuschen mit Wein- und Obstgärten zum Unterhalt für den Grabwächter angegliedert war, ein Grab umschlossen, ob ein mit Bildwerk geschmückter Sarkophag, ein einfacher Metallsarg oder eine in den Fels gehauene Nische die menschlichen Überreste bargen, ob Steinmetzen für Soldaten, die im weiten römischen Reich Dienste taten, einen mehr oder minder kunstvollen Kalkstein setzten, ob endlich nur ein schlichter Sandstein oder eine schmucklose Steinplatte eine Grabstätte bezeichneten, immer sollte das Grabmal das Andenken an einen Toten wachhalten und die darauf gesetzte Inschrift der Trauer der Angehörigen um den Verstorbenen Ausdruck verleihen, mag dieser ein hochgestellter Herr oder ein Mann aus dem Volke gewesen sein. Und gerade die Denksteine einfacher Menschen erregen unser Interesse; denn sie künden uns vom Schicksal der kleinen Leute, sie enthüllen uns die Gefühle der niederen Bevölkerungsschicht, sie geben uns Einblick in den Alltag des römischen Kleinbürgers.

Auf den römischen Grabsteinen ist nicht Geburts- und Todesdatum, wie bei uns, angegeben, sondern es ist nur das Alter des Verstorbenen in Jahren, Monaten und Tagen verzeichnet. Auch das Jahr der Bestattung ist seltsamerweise nur in ganz wenigen Fällen beigefügt. Dafür werden ab und zu die Kosten des Grabmals genannt. Unter die nüchternen Angaben von Namen, Stand und Alter des Toten setzten die Römer oft noch ein den Verstorbenen ehrendes Gedicht. Dieses carmen funebre, das nach der Meinung der Hinterbliebenen der Grabschrift einen würdigen Abschluß geben sollte, vermittelt uns bisweilen eine echt römische Friedhofspoesie.

Die Übersetzung lateinischer Verse in deutsche Verse schien mir deshalb notwendig, weil der Gesamtton der Inschriften, der doch neben dem sachlichen Inhalt nicht zu übersehen ist, nur dann wiedergegeben werden kann, wenn der vielleicht künstlerisch ziemlich wertlose Charakter des Originals beim Leser ein Echo findet. Daß die wortgetreue Wiedergabe der Inschrift darunter leidet, ist unvermeidlich, aber bei der Übersetzung in Prosa wird zwar die Worttreue beibehalten, doch die Stimmung, die bei einer Grabinschrift doch sehr wertvoll ist, geht verloren.

Da und dort sind die Inschriften von mir gekürzt wiedergegeben, wenn ihr Wortlaut für die sachlichen Interessen belanglos erschien. War das Gedicht der Mitteilung wert, so konnten gleichgültige Bemerkungen in Prosa wohl beiseite gelassen werden. Auch mußten viele carmina gekürzt werden, da sich der Sinn eines schlecht erhaltenen Textes nicht feststellen ließ oder weil wegen der oft wiederkehrenden Formeln und Wendungen eine Wiederholung vermieden werden sollte. An die Stelle des Totengedichts tritt manchmal eine kurzgefaßte Sentenz in Poesie oder Prosa oder auch ein Zuruf des Toten an den Grabbesucher; der „Verstorbene“ hielt es für nötig, dem Leser der Grabschrift noch im Tode seine Weltanschauung zu übermitteln.

Ich durchstreifte längere Zeit hindurch fast alljährlich die klassischen Länder, wobei ich es hauptsächlich auf römische Inschriften abgesehen hatte. Dabei wich ich auch von den üblichen Verkehrsstraßen ab. Gerade in Italien, Südfrankreich, Spanien und Jugoslawien, auch im Rheinland, zeigt jedes Städtchen in einem Museum römische Überbleibsel, vor allem Grabmäler, die sich als massive Steine am ehesten erhalten haben. Die von mir an antiker Stätte und in Museen gemachten Aufzeichnungen vermehrte ich dann zu Hause in reichem Maße aus Inschriftenwerken. Ich nenne:

CIL = Corpus Inscriptionum Latinarum (Berlin, 1863ff.);

CE = F. Bücheler: Carmina Latina Epigraphica, I (Leipzig, 1895), II (1897), III (Supplementum cur. E. Lommatzsch, 1926); Nachdruck Amsterdam, 1964;

DE = H. Dessau: Inscriptiones Latinae Selectae, I (Berlin, 1897), II 1 (1902), II 2 (1906), III 1 (1914), III 2 (1916); Nachdruck Berlin, 1962;

DI = E. Diehl: Inscriptiones Latinae Christianae Veteres, I (Berlin, 1925), II (1927), III (1931); 2. berichtigte Aufl. von J. Moreau (Berlin, 1961);

GV = W. Peek: Griechische Vers-Inschriften. Band I Grab-Epigramme (Berlin, 1955);

GG = W. Peek: Griechische Grabgedichte, griechisch und deutsch (Berlin, 1960);

Syll.^{3} = W. Dittenberger: Sylloge inscriptionum Graecarum, I/IV (Leipzig, 3. Aufl. 1915/24);

IG = Inscriptiones Graecae.

In dem vorliegenden Buch werden nun in Marmor, Sand- oder Kalkstein gehauene Grabinschriften aufgeführt, die uns Einblick in das Leben der alten Römer gewähren. Um ein möglichst umfassendes Bild der aus Inschriften festellbaren kulturellen und zivilisatorischen Zustände der Antike entwerfen zu können, habe ich deren Begriff weit gefaßt. Das über viele Länder zerstreute Material, das ich dem Leser darbiete, gliederte ich in natürliche Gruppen. Die Grabschriften innerhalb der besonderen Gruppen wollte ich nicht nach bestimmten Gesichtspunkten ordnen, ich zog es vielmehr vor, wegen der großen Verschiedenheit der Grabschriften solche ähnlichen Inhalts zusammenzustellen. Auch einige wenige griechisch geschriebene, auf einst römischem Boden gefundene Inschriften glaubte ich aufnehmen zu sollen. Den Prosainschriften ließ ich gewöhnlich die Grabgedichte folgen; die stadtrömischen Inschriften setzte ich meist voran.

Die einzelnen Sepulcralinschriften sind mit allen volkstümlichen Ausdrücken und Mängeln wiedergegeben. Auch Fehler in den lateinischen Namen behielt ich bei, stellte sie aber in der Übersetzung richtig. Im lateinischen Text deuten runde Klammern ( ) Auflösungen von Abkürzungen an. Eckige Klammern [ ] bezeichnen unlesbar gewordene, auf dem Stein fehlende oder von der Inschriftplatte abgebrochene Buchstaben und die von gelehrten Männern gemachten Ergänzungen. In spitzen Klammern ⟨ ⟩ stehen Zusätze bzw. Berichtigungen der Herausgeber, in geschwungenen { } Streichungen durch den Herausgeber. Punkte unter den Buchstaben markieren unsichere Lesungen von Buchstaben.

Bei jeder Inschrift bringe ich ihren Fundort und Angaben, wo sie veröffentlicht ist. Es wird auch erwähnt, wenn die Kenntnis einer Grabschrift nur auf handschriftlicher Überlieferung beruht (hdschr. überl.). Öfters ist die Zeit der Inschrift angeführt, wenn sie sich feststellen ließ. Endlich ist das Versmaß in den üblichen Abkürzungen bezeichnet. Wenn eine Prosainschrift sich dem Klange nach der Poesie näherte, vermerkte ich dies mit m.A. (= metrische Anklänge). Wo es mir nötig erschien, fügte ich zum richtigen Verständnis einer Grabinschrift einen sachlichen Kommentar hinzu. Übrigens sollten die von mir an die Spitze der einzelnen Kapitel gesetzten Einleitungen dem gleichen Zweck dienen.

Bei der Lektüre können wir sehen, daß die jetzigen Verhältnisse mit denen der Vergangenheit oft merkwürdig übereinstimmen; die Menschen des Altertums dachten eben in vielen Dingen nicht anders als wir Heutigen. Die Leute, von denen die Inschriften stammen, sind längst vermodert, sie wandeln aber, das wird dem Leser des Buches zum Bewußtsein kommen, wieder unter uns — als unseresgleichen.

Beim Abschluß meiner Arbeit möchte ich an dieser Stelle danken Herrn Dr. Egon Braun, dem Leiter des Österreichischen Archäologischen Instituts in Wien, Herrn Dr. Wilhelm Ehlers, Generalredaktor des Thesaurus linguae Latinae in München für die gütige Erlaubnis zur Benützung der dortigen reichhaltigen Bibliothek, und Herrn Dr. Hans Rubenbauer †, Universitätsprofessor in München, der durch freundliche Ratschläge meine Arbeit förderte.

Dr. Hieronymus Geist

EINFÜHRUNG IN DEN ANTIKEN GRABSTEINTEXT

Da dem im Lesen antiker Grabschriften Ungeübten die Abkürzungen vieler Wörter Schwierigkeiten machen, seien die wichtigsten der für uns in Frage kommenden Abbreviaturen hier aufgeführt.

Zunächst die *Namen der Verstorbenen*. Ursprünglich führten die Römer Einzelnamen, doch es setzte sich später bei ihnen das Dreinamensystem durch. Die freigeborenen Männer hatten einen Vornamen (praenomen) und einen Geschlechtsnamen (nomen gentile), dem noch der Familienname als Beiname (cognomen) hinzugefügt wurde. Der Vorname wurde gewöhnlich abgekürzt geschrieben. Es gab gegen dreißig. Die gebräuchlichsten sind: A Aulus, C Gaius, Cn Gnaeus, D Decimus, L Lucius, M Marcus, P Publius, Q Quintus, Sex Sextus, T Titus, Ti Tiberius, V Vibius. Unter den Geschlechtern sind die bekanntesten die Aemilier, Caecilier, Claudier, Cornelier, Fabier, Julier, Tullier, Volusier. Mit dem beigefügten Familiennamen ist der römische Name vollständig, z.B. P(ublius) Cornelius Scipio, Q(uintus) Volusius Antigonus. Frauen wurden gewöhnlich nur mit dem väterlichen Gentilnamen bezeichnet, dem der Vorname vorausging, z.B. Prima Aemilia, Marina Claudia.

In Grabschriften ist bei Männernamen sehr oft zwischen Gentilnamen und Beinamen der Name des Vaters eingeschoben, z.B. C. Nummius P(ubli) f(ilius) Romanus. Ebenso ist bei Freigelassenen der Name des früheren Patrons beigefügt, z.B. Q. Gavius Q(uinti) l(ibertus) Primus.

Öfters ist bei freien Männern auch die Tribus, der Stadtbezirk, hinzugefügt, wie f(ilius) und l(ibertus) stets abgekürzt; z.B. Cor(nelia) = aus der Bürgerabteilung Cornelia, Esq(uilina), Lem(onia), Stell(atina), Sub(urana), Tro(mentina), Vol(tinia).

Die Nennung der Tribus bei römischen Bürgern zeigt das erste oder zweite Jahrhundert an.

In späterer Zeit wird der Vater auch im Genitiv gegeben ohne den Zusatz von filius oder filia, z. B. Marulina Maruli, Marulina, Tochter des Marulus. Der Genitiv nach dem Eigennamen kann auch den Ehemann einer Frau bedeuten, z. B. Urbilla Primi, Urbilla, die Gattin des Primus. Endlich kann mit dem Genitiv hinter dem Eigennamen der Herr oder die Herrin von Sklaven gemeint sein, z. B. Helpis Liviae, Helpis, Sklavin der Livia.

Zahlreich erscheinen folgende *Abkürzungen:*

D. M = Dis Manibus
D. M. S = Dis Manibus sacrum
H. I = hic iacet
H. S. E = hic situs est
H. L. S = hoc loco situs
H. O. S = hic ossa sunt
V = vixit, vivus, vir
V. A = vixit annos (annis, annus)
M = menses
D = dies
F = filius, filia, fecit
F. C = faciendum curavit
L = locus, libertus, liberta
L. S = locus sepulturae
M = monumentum
H. M. F = hoc monumentum fecit
M. P = monumentum posuit
P = posuit, pius, pedes
IN. AG. P = in agro pedes
IN. F. P = in fronte pedes
PL. M = plus minus (annos) mehr oder weniger
S. T. T. L = sit tibi terra levis
T = titulus, testamentum
V. C = vir clarissimus

V. E = vir egregius
V. H = vir honestus
V. P = vir perfectus

Die Abkürzung „b.m." = bene merenti kommt unter den Attributen, die den Charakter des Toten schildern, recht häufig vor und bedeutet „dem Wohlverdienten" (wurde das Grab gemacht). Die Sitte, sich schon zu Lebzeiten ein Grabmal zu errichten, war sehr verbreitet; deshalb die oft sich findende Formel „v(ivus) f(ecit)". Nicht selten ist auf dem Grabstein zur Erhöhung des eigenen Ruhmes noch der Vermerk zu lesen „de s(ua) p(ecunia) oder de s(uo) f(ecit)", von eigenem Geld hat er das Grab hergestellt.

In der *Orthographie* auf Grabsteinen herrscht große Willkür, da der Steinmetz oder der Auftraggeber einer Inschrift nicht immer die nötige Bildung besaßen. Unter den orthographischen Eigentümlichkeiten seien folgende genannt: B steht öfters für V: bixit für vixit, iubenis für iuvenis, oder umgekehrt alva für alba; D steht öfters für T: ad für at und umgekehrt: set; P für B: mempra, optinere; E für I: tetulus, fedelis, menester, bixet für vixit; V für O in der letzten Silbe: sacerdus, annus für annos, und umgekehrt O für V: salvos für salvus; dem X wird manchmal ein S zugeschrieben: vixsit, uxsor.

Die *altlateinischen Grabschriften*, von denen sich viele erhalten haben, weisen auf vorchristliche Zeit hin. Die altlateinische Periode erstreckt sich von der Mitte des dritten Jahrhunderts bis ins erste vorchristliche Jahrhundert hinein. Am meisten auffallend in diesen alten Grabinschriften ist der Diphthong ei statt des langen i, z.B. Iuliei statt Iulii, leibertus, posterei, boneis, deico, deilexit, veive, seis, abei; quei statt qui (quoius, quoi), heic statt hic (hoius, hoic(e), honc, horunce). Aus dem altlateinischen ou wird später u: doucit, souo. Dem alten u entspricht oft i, z.B. optumus, carissumus. Quom steht für cum, pulcrai für pulcrae.

Auf den römischen Grabsteinen sind öfters allmähliche Übergänge vom Latein in eine romanische Sprache zu beobachten;

diese sind auf dem Boden des römischen Reiches und dessen Provinzen aus dem Lateinischen als dessen lebendige Fortsetzungen hervorgegangen. Wenn z.B. in der Grabschrift statt „causa" das Wort „cosa" steht, so können wir später in den romanischen Sprachen die Wörter finden: „cosa, cousa, koze, chose". Aus „septe(m)" mit abgeworfenem m wird „sept, set, siete, sete, sette". Aus „habere" mit weggelassenem h bei Wortbeginn wird „avere, avoir, avar". Um phonetische Schreibungen handelt es sich auch, wenn N vor einem S fortgelassen ist: „infas, coniux, cresces" oder wenn S in der Endung fehlt: „titulu, manibu, Flaviu". Ab und zu sind auch andere Buchstaben ausgelassen, entsprechend der nachlässigen Aussprache: „cunti" für „cuncti", „trienta" für „triginta". Schließlich werden Vokale in Diphthonge verwandelt: quisquae, maemoria, faemina, mortae, valerae, venitae, oder umgekehrt: sue statt suae, femine statt feminae.

Da und dort können auch Verhaufehler des Steinmetzen vorliegen. Wenn dieser gleiche Buchstaben oder gleiche Silben irrtümlicherweise übersprungen, also gleiche Buchstaben oder Silben nur einmal geschrieben hatte (Haplographie), so malte er zuweilen die fehlenden Buchstaben farbig darüber, z.B. qu^{ui}ixit statt qui uixit. Auch sonst wurden die eingehauenen Buchstaben mit Zinnober ausgemalt, was sich freilich nur selten erhalten hat.

Manche eigentümliche Schreibweise könnte leicht als Schreibfehler angesehen werden, doch es ist anzunehmen, daß der Besteller einer Grabschrift in seiner volkstümlichen Redeweise den Text nicht anders zu formen wußte. Wer sich mit inschriftlichen Texten befaßt, kommt mit der lateinischen Schulgrammatik nicht aus. Ich erinnere an die Abweichungen im Gebrauch des Geschlechts: fatus für fatum, monomentus, sepulcrus, saxus; das Adjektiv weist manchmal einen anderen Kasus auf als das Substantiv, z.B. coniugi dulcis, uxoris benemerenti, oder es stimmt im Genus nicht mit dem Substantiv überein: corpus exanimis; bei Präpositionen ist manchmal ein anderer Kasus zu sehen als der im klassischen Latein übliche; vivere wird mit annos, annis, anni, annus verbunden; der Genitiv steht manchmal bei obsequi, der Dativ bei studiosus, der Akkusativ bei carere, parcere, invidere, fungi, der Ablativ bei desiderare; schließlich findet man optare und monere mit A. c. I. statt mit „ut" konstruiert; bei Verben treten auch verschiedene Formen auf: posui, possui, posii, posi. Es ließen sich noch viele sprachliche Unebenheiten aufführen, doch der Leser kann sich selbst durch die beigegebene Übersetzung in dem Text der oft durch zahlreiche Mängel entstellten Epitaphien zurechtfinden.

Mehr noch als die Prosagrabschriften interessieren uns die *metrisch gebundenen Carmina*, die meist dem Lob des Verstorbenen galten. Die Epigramme hatten, soweit sie kurz gefaßt waren, schon Vorgänger bei den Griechen, bedeutet doch das griechische Wort Epigramm ursprünglich „die Aufschrift" auf Grabsteinen und Weihgeschenken. Es wurde zu kurzem poetischem Ausdruck eines Gedankens für besonders geeignet gehalten. Der berühmte Dichter Simonides verfaßte vermutlich Zweizeiler auf die todesmutigen Thermopylenkämpfer und in der hellenistischen Zeit entwickelte sich das Epigramm zu einer selbständigen Literaturgattung. Tausende griechischer Epigramme sind in der griechischen Anthologie gesammelt. Die Römer lernten das Epigramm durch die Griechen kennen. Wenn die römische Epigrammatik auch mit Nachahmung der griechischen begann, so machte sie sich doch bald selbständig. Die Epigramme des Ennius gehören schon einer eigenen Literaturgattung an, ebenso die des Catull und des Vergil. Der Klassiker des antiken Epigramms ist aber der Römer Martial, bei dem es freilich vorwiegend satirisch gefärbt ist. Übrigens dichtete Martial auch wirkliche oder nachgeahmte Aufschriften für Grabsteine; denn das Epigramm in seiner knappen Form schien dafür sehr passend zu sein. Im 4. Jahrhundert dichtete Papst Damasus zu Ehren verschiedener Heiliger, Märtyrer und Päpste eine Unmenge von Epigrammen und ließ sie zum Teil auch in Grabsteine einhauen. Er nennt gewöhnlich im Epigramm seinen eigenen Namen.

Unsere Epigramme sind auf den Grabsteinen meist nicht nach Zeilen geordnet, sondern der Text ist gewöhnlich fortlaufend. Das daktylische Metrum überwiegt; in der Mehrzahl liegen Hexameter bzw. Distichen vor. Vereinzelt finden sich auch Pentameter, manchmal nur halbe. Ziemlich zahlreich sind die sogenannten elegischen Gedichte vertreten, aus mehreren Distichen zusammengestellte Dichtungen. Häufig ist ein unregelmäßiger Wechsel von Hexameter und Pentameter. Auch iambische Senare finden sich häufig, seltener sind Septenare und trochäische Verse. Ganz selten sind Elfsilbler und Choriamben. Der alte Saturniervers weist auf eine frühe Zeit hin. In den Grabschrifttexten ist das Silbenmaß oft nicht genau beachtet. Wie die Sprache der Grabgedichte von der Umgangssprache des Mannes aus dem Volke beeinflußt ist, der sich die Kunstregeln der strengen römisch-klassischen Dichtung nicht völlig zu eigen machte, zeigen oft auch die Verse, daktylische und iambische, manche holprige Stelle, die der Leser der Verse selbst erkennen wird. Manchmal steckt ein gewisser Rhythmus im Text, ohne daß sich ein bestimmtes Versmaß feststellen ließe. Hie und da finden sich in einem Gedicht auch mehrere Versarten vereinigt (Polymetra), und manchmal ist Poesie auch mit Prosa vermischt.

In den metrischen Grabschriften finden sich öfters *Anklänge an Dichter der klassischen Zeit*, vor allem an Vergil, Properz, Catull, Tibull, Ovid, ein Beweis dafür, daß viele Dichter dem römischen Volk, auch in den Provinzen, bekannt und ihre Verse dem Publikum geläufig waren*. Freilich muß mit der Ähnlichkeit eines oder zweier Wörter noch nicht unbedingt eine Anleihe bei einem Dichter festgestellt werden.

Auf den römischen Grabsteinen lassen sich drei *Schriftarten* unterscheiden. Eine klare Schrift mit wohlgeformten, breiten

* Ich verweise auf Büchelers (CE) Bemerkungen zu den einzelnen Nummern; E. Lissberger: Das Fortleben der römischen Elegiker in den Carmina epigraphica (Diss. Tübingen, 1934); C. Weymann: Studien zu den Carmina Latina Epigraphica = Bayerische Blätter für das Gymnasial-Schulwesen 31 (1895) S. 529; R. P. Hoogma: Der Einfluß Vergils auf die Carmina Latina Epigraphica (Amsterdam, 1959). Vgl. unten in der Bibliographie S. 241.

Buchstaben in gleicher Höhe ist zur Zeit des Augustus und im ersten Jahrhundert am schönsten ausgebildet, die klassische *Capitale.* Durch Abrundung der Buchstaben der römischen Capitalschrift ist im zweiten und dritten Jahrhundert die *Unziale* entstanden. Die abgerundeten Formen sind am besten an den Buchstaben U statt V und ᗰ statt M sichtbar. Während diese beiden Schriftarten noch gleichhohe Buchstaben zeigen, bekommen diese allmählich Ober- und Unterlängen, sie nehmen eine schräge Stellung ein und zeigen häufig Buchstabenverbindungen. Schon im vierten Jahrhundert ist ein unruhiger Schriftcharakter feststellbar. Diese dritte Schriftart wird *Cursive* genannt, die „laufende" Schrift, die an Aussehen dem Graffito gleichkommt..

Eine Inschrift mit Rücksicht auf die Form der Buchstaben einem bestimmten Jahrhundert zuzuweisen, ist sehr schwer, da der Steinmetz einer jüngeren Zeit, gerade bei Grabschriften, gern den Schriftcharakter einer älteren Zeit kopierte. Sicher datieren kann man Grabschriften dann, wenn sie in Beziehung zu bekannten Persönlichkeiten, zu Denkmälern oder Gebäuden stehen, noch sicherer, wenn ein Konsulatsjahr genannt ist.

Noch ein Wort über *Zeitbestimmungen* auf Grabsteinen. Die Zahl der Lebensjahre eines Verstorbenen konnte in einem Gedicht oft nicht ausgedrückt werden, ohne daß der Rhythmus gestört wurde. So kann man statt „triginta annos" lesen: „ter denos annos", dreimal zehn Jahre. Auch die Umdrehungen der Sonne und des Mondes dienten dazu, die Jahre und Monate auszudrücken. Verständlich ist es, wenn ein Bauer die Jahre nach Ernten zählt; mit „bis senae messes" sind also zwölf Jahre gemeint.

Schließlich sei noch auf epigraphische Spielereien hingewiesen, auf die *akrostichischen Grabinschriften,* die sich ab und zu finden. Mitunter weist der Tote selbst den Leser der Inschrift auf das Akrostichon hin, in welchem die Anfangsbuchstaben aufeinanderfolgender Verse ein neues Wort ergaben.

Häufig finden sich am Schluß von Grabinschriften noch Vermerke über die *Größe des Grabareals.* Die Ausdehnung eines Grabplatzes, „L(ocus) s(epulturae)" oder „L(ocus) m(onumenti)", wurde z. B. mit folgenden Worten angegeben: „In fr(onte) p(edes) XIIII, in ag(ro) p(edes) XII", was bedeutet: In der Front (also der Straße entlang, in der Breite) 14 Fuß, im Felde (feldwärts, in der Tiefe) 12 Fuß. Zur Sicherung des Grabplatzes wurden manchmal noch eigene kleinere Steine „cippi" (Grenzpfähle) in Hermenform aufgestellt, zwei größere vorn, zwei etwas niedrigere im Felde. Der Ausdruck cippus bedeutet jedoch nicht nur einen Grenzstein, sondern oft auch den Leichenstein selbst, eine Grabplatte, eine Grabstele.

Aeterna domus hec est,	Hier ist ewige Wohnung,
pausum laboris hic est,	hier ist Ende der Mühe,
aliquid memoriae hoc est.	hier ist etwas Gedenken.

Lamasba (Numidien). CE 225. Iamb. Dimeter.

I. AN DEN GRABBESUCHER GERICHTETE BEGRÜSSUNGSWORTE DES TOTEN

Friedhöfe in unserem Sinn als abgeschlossene, stille Ruhestätten der Toten kannten die Römer nicht. Sie liebten es vielmehr, außerhalb der Stadttore an belebten Landstraßen ihre Gräber anzulegen, wo die Monumente mit ihren Inschriften die Augen der Spaziergänger auf sich zogen und so die Erinnerung an den Toten erhalten blieb. Die Absicht des Verstorbenen, der Teilnahme der Lebenden nicht verlustig zu gehen, sprechen Grabschriften aus, die den vorübergehenden Wanderer anreden. Solche Begrüßungsworte des Toten kehren oft wieder oder weisen einen ähnlichen Text auf.

1.

Resta, viator, et lege.

Bleib stehen, Wanderer, und lies!

Cyzikus (Mysien). CIL III 371. Iamb.

2.

Sis felix, qui dixeris: Ammoni, have. Perpetuo sit* tibi terra levis.

Sei glücklich, der du sagst: Ammonius, sei gegrüßt! Auf ewig sei dir die Erde leicht!

Caesarea (Mauretanien). CIL VIII 9439.

---

* sit tibi terra levis, gebräuchlicher Pentameterschluß.

3.

Tu qui perleges: vivas, valeas, ames, ameris usque at* die tun. B(onis) b(ene).

Du, der du dies liest: lebe, sei gesund, spende und empfange Liebe bis zu deinem Schicksalstag! Guten gehe es gut!

Rom. DE 8137.

* ad diem tuum.

4.

Siste, precor quaeso, cipum cognosce, viator.

Wanderer, steh und sieh an, ich fleh' und bitt', dieses Grabmal!

Castulo (Span.) – Cazlona, jetzt Madrid. CE 1193. 2. Jh. Hex.

5.

Siste gradum, fugiat quamvis brevis hora, viator.

Wanderer, hemme den Schritt, wie schnell die Stunde auch eilet!

Mailand-Mediolanum. CE 1309. Hex.

6.

Siste rogo titulumque meum ne spreveris, oro.

Bitte, halt an, sollst nicht mein Denkmal verachten, das bitt' ich!

Pesaro-Pisaurum. CE 434. Hex.

7.

Qui properas, quaeso, tarda viator iter.

Wanderer, gehst du vorbei, hemme bitte den Schritt!

Constantine-Cirta (Numidien). CE 1327. Pent.

8.

Quisquis es huc oculos paulum converte, viator,
et lege quod nomen hic titulus teneat.

Wanderer, wer du auch seist, laß kurz dein Aug' hier verweilen,
daß du den Namen erfährst, den dieses Denkmal verrät.

Rom. CE 1218. Dist.

9.

Tu quicumque mei veheris prope limina busti,
supprime festinum quaeso, viator, iter.

Der du vorüberfährst an diesem Grabe, dem meinen,
hemme, ich bitte darum, Fremder, die eilige Fahrt!

Rom. CE 1111. Dist.

10.

Quisq. legis titulum, lacrimas effunde freq(uentes).

Du, der du die Grabschrift liest, vergieße reichliche Tränen!

Cordova-Corduba. CE 723. Hex.

11.

Hospes sta et lachruma, si quicquam humanitus in* test.

Fremder, bleib stehen und wein', wenn Mitgefühl noch in dir ist!

Rom. CE 973. Hex.

* in te est.

12.

Hoc qui scire cupis iaceant quae membra sepulchro,
disces, dum relegas hos modo versiculos.

Fragst du, welches Gebein in diesem Grabe verschlossen,
lies diese Verschen; es wird in aller Kürze dir kund.

Mailand-Mediolanum. CE 1449. Verschollen. Dist.

13.

... At viridi requiesce, viator, in herba
ne]u fuge, si tecum coeperit umbra loqui.

Aber nun, Wanderer, sollst im grünen Grase du ruhen,
eile nicht weg, wenn der Tod mit dir zu reden beginnt!

Spello-Hispellum. CE 1098. Dist.

14.

Zwiegespräche

Have Naevi! — Salvos sis, quisquis es.

„Sei gegrüßt, Naevius!" — „Gesund sei, wer immer du seist!"

Nîmes-Nemausus. DE 7534.

Have Thais! — Dii tibi bene faciant.

„Sei gegrüßt, Thais!" — „Die Götter seien Dir gnädig!"

Ostia. DE 6156.

Hospitium tibi hoc. — Invitus venio. — Veniundum est tamen.

„Hier kehrst du auch einmal ein." — „Ungern komme ich." —
„Und doch mußt du kommen."

Narbonne-Narbo. CE 242. 1. Jh. M.A.

II. GRÄBER VON FAMILIENMITGLIEDERN

a. EHEGATTEN

Soweit uns Grabschriften unterrichten, bekommt man aus ihnen einen Einblick in ein harmonisches Eheleben des Römers. Das vorzeitige Hinscheiden eines Gatten wird tief bedauert, ja der Mann wird sogar wegen seines frühzeitigen Ablebens von seiner Gattin in ihrem Schmerz als Lügner, als Betrüger bezeichnet. Häufig wird betont, daß der Gatte mit seiner Frau ohne Klage, ohne Streit, ohne Zank, ohne Verdruß, ohne Ärger gelebt habe. Beim Heimgang der Ehefrau klagt der schwerbetroffene Mann über das herbe Geschick und preist die Tugenden der ihm so jäh entrissenen Lebensgenossin oft in überschwenglichem Tone. Bei Frauen, vor allem bei Witwen, wird auch gerühmt, daß sie sich mit einem einzigen Manne begnügt habe. Das Konkubinat wurde, besonders in der Kaiserzeit, durchaus nicht mißachtet oder geringgeschätzt, wenn die Kinder auch nicht als vollberechtigt galten.

15.

Caeciliae Q. Cretici f(iliae) Metellae Crassi*.

Grabmal der Caecilia Metella, der Tochter des Quintus Creticus, der Gattin des Crassus.

Rom. DE 881. 1. Jh. v. Chr. Rundbau an der Via Appia.

---

* M. Crassus zweiter Sohn des reichen Triumvirn.

16.

Ossa heic sunt Urbilla Primi, mihi me pluris, decessit an(nis) XXIII, carissuma suis.

Hier liegen die Gebeine der Urbilla, der Gattin des Primus, mir lieber als ich mir selbst; sie starb 23 Jahre alt, höchst teuer den Ihrigen.

Rom, jetzt Beauvais. DE 8405.

17.

M. Ulpius Cerdo in der seiner Frau gesetzten Grabschrift

In die(m) mortis gratias maximas egi aput deos et aput homines.

Bis zum Tage ihres Todes habe ich vor Göttern und Menschen größten Dank gesagt.

Rom. CIL VI 29149.

18.

D(is) M(anibus) Faeniae Filumen(e), quae pietate co(n)iugi in provincia(m) peregrinata es(t).

Den Totengeistern der Faenia Philumene, die aus Liebe zu ihrem Gatten ihm in die Provinz nachreiste.

Rom. CIL VI 17690.

19.

Familiengrab des Filvius Charisius

Tres uxores h[abui: eas] quiden dolui, set non sunt. Qua[m velim] modo quartaria sorte ductam su[perstitem habeam.

Drei Frauen habe ich gehabt: diese bedauere ich freilich, doch sie sind nicht mehr. Ich möchte mir wünschen, daß diese meine vierte Frau mich überlebe.

Rom, jetzt Florenz. DE 8145. CIL VI 18659.

20.

Chaere*, Annonia Paula, coniunx rarissime, quae exemplo esses feminarum, nisi XXXIII annorum erepta gravem fletum viro reliquisses.

Lebwohl, Annonia Paula, ganz seltene Gattin, die du den Frauen ein Muster wärest, wenn du nicht, 33 Jahre alt, dahingegangen, dem Manne schreckliche Tränen hinterlassen hättest.

Tupusuctu (Mauretanien). CIL VIII 8854.

* Griechischer Gruß: χαῖρε.

21.

D(is) M(anibus) s(acrum). Megonia Rogata vixit a(nnis) LXXIIII, reliquit me LXXVIIII.

Den Manen geweiht. Megonia Rogata lebte 74 Jahre und hinterließ mich als Neunundsiebziger.

Theveste (Numidien). CIL VIII 2175.

22.

Grab der Postumia Matronilla

Incomparabilis coniux, mater bona, avia piissima, pudica, religiosa, laboriosa, frugi, efficaxs, vigilans, sollicita, univira, unicuba, [t]otius industriae et fidei matrona.

Sie war eine unvergleichliche Gattin, eine gute Mutter, eine verehrungswürdige Großmutter, züchtig, fromm, arbeitsam, brav, energisch, wachsam, besorgt, nur eines Mannes treue Frau, eine Hausmutter voll Fleiß und Verläßlichkeit.

Thelepte (Numidien). DE 8444.

23.

D(is) M(anibus)
Scriboniae Hedone, con qua vixi an(nos) XVIII sin(e) querella, cuius desiderio iuratus se post eam uxore(m) non habiturum.

Den Manen der Scribonia Hedone, mit der ich ohne Klage 18 Jahre gelebt habe; aus Sehnsucht nach ihr habe ich geschworen, nach ihr keine andere Frau zu nehmen.

Pisa. DE 8461.

24.

L. Nasonio Primituo Mar(ia) Lamyra marito mellitissimo posuit.

Ihrem honigsüßen Gatten Lucius Nasonius Primitivus hat Maria Lamyra das Denkmal gesetzt.

St. Remy (Südfrankreich)-Glanum. CIL XII 1014.

25.

Grab des T. Iunius Achilleus

Marito pio et incomparabili Pacideia Hedone uxor commune monumentum fecit, ut ab eo, cum quo per annos quinque et triginta socia iucundam vitam aequabili concordia vicisset, nec sepulcro separaretur.

Ihrem zärtlichen, unvergleichlichen Gatten hat Placideia Hedone, seine Gattin, ein gemeinsames Grabmal errichtet, daß sie von ihm, mit dem sie 35 Jahre als Gefährtin ein angenehmes Leben in voller Eintracht geführt hatte, auch nicht im Grabe getrennt werde.

Ondara (Spanien). CIL II 3596.

26.

L. Pullidio Phoebiano Seppia Iustina coniugi incomparabili, cum quo vixit annis XLII, bene merenti fecit. Amanti mendax, vale.

Seppia Justina errichtete dem L. Pullidius Phoebianus, ihrem unvergleichlichen Gatten, mit dem sie 42 Jahre lebte, dem wohlverdienten, das Grab. Der Liebenden untreu (durch frühzeitiges Ableben). Lebwohl!

Benevent-Beneventum. DE 8142.

27.

Martina cara coniux, que venit de Gallia per mansiones L, ut commemoraret memoriam du[lcissi]mi mariti sui. Bene quescas, dulcissime mi marite.

Martina, die teure Gattin, die aus Gallien in 50 Tagereisen kam, um das Andenken des heißgeliebten Gatten zu feiern. Ruhe sanft, mein liebster Gemahl!

Asolo-Acelum. DE 8453.

28.

Hospes, quod deico, paullum est, asta ac pellege*:
Heic es sepulcrum hau pulcrum pulcrai feminae.
Nomen parentes nominarunt Claudiam.
Suom mareitum corde deilexit souo.
Gnatos duos creavit. Horunc alterum
in terra linquit, alium sub terra locat.
Sermone lepido, tum autem incessu commodo.
Domum servavit, lanam fecit. Dixi. Abei.

Nicht viel ist's, was ich sage, Fremder, steh und lies:
Hier ist ein Grab, kein schönes, doch einer schönen Frau.
Mit Namen nannten sie die Eltern Claudia.
Mit vollem Herzen hat sie ihren Mann geliebt.
Zwei Söhne brachte sie zur Welt, auf Erden ließ
den einen sie, den andern deckt die Erde zu.
Von art'ger Rede stets, voll Grazie war ihr Gang.
Das Haus behütend Wolle spann sie. Schluß! Nun geh!

Rom. CE 52. 2. Jh. v. Chr. Hdschr. überl. Iamb.

---

* perlege

29.

Accipe tam longas, brevis o scribtura, querellas,
Qua duro silici vulnera mando mea.
Heu iacet hic pars magna mei. Heu triste cubile,
quo sine me, Rhodine, lumine nuda iaces.
O lux clara tuo, mens una et cura, marito;
nunc dolor et lacrimae sola relicta mihi.

Kurze Schrift, nimm sie auf die langen Klagen, die langen,
zeiget dem harten Gestein jetzt mein zerrissenes Herz!
Hier liegt ein großer Teil von mir. O trauriges Lager,
wo du, Rhodine, nun liegst fern mir, des Lichtes beraubt.
Klares Licht deinem Mann, mit ihm Ein Denken, Ein Sorgen;
Tränen und Schmerz um dich blieben mir einzig zurück.

Rom. CE 1431. DI 1232. Dist.

30.

Grab der Frau des L. Aurelius Hermia, Metzgers beim Viminalischen Hügel

H]aec quae me faato praecessit, corpore casto
c]oniunxs una meo praedita amans animo
f]ido fida viro veixsit, studio parili qum
nulla in avaritie cessit ab officio.

Die mir vorangegangen im Tod, meine einzige Gattin,
keusch von Natur, deren Herz völlig dem meinen vereint,
treu dem treuen Gemahl, mit ihm von gleicher Gesinnung,
ohne die Neigung zum Geiz ließ von der Pflicht sie nicht ab.

Rom. CE 959 B. 1. Jh. v. Chr. Dist.

31.

Grab der Claudia Piste

Amissa est coniunx, cur ego et ipse moror?
Si felix essem, Piste mea vivere debuit.
Tristia contigerun, qui amissa coniuge vivo.

Meine Frau ging dahin, und warum zögere ich noch?
Sollte ich glücklich sein, müßt' meine Piste auch leben.
Trauriges stieß mir zu, der da lebt nach dem Tode der Gattin.

Rom. CE 493. Hex.

32.

Heu, cui* miseram linquis, karissime coniunx!
Quid sine te dulce rear, quid amabile credam?
Cui vitam servo, quod non sequor, improbe, funus?
Ad tecum liceat iunctis mihi manibus esse
optatoque nimis saltem tumulo sociari.

Weh, geliebter Mann, der mich verlassen, mich Arme!
Was soll ich ohne dich für süß erklären, für liebreich?
Wem erhalt' ich mein Sein, wenn nicht im Tod ich dir folge?
Hand in Hand, sei's mein Los, bei dir, du Schlimmer, zu bleiben
und noch im Grab, so ersehnt, mit dir vereinigt zu ruhen.

Rom. CE 1979. DI 3885 A. Notizie degli Scavi 1914 p. 224. 3. Jh. Hex.

* = qui.

33.

Grab der Turtura

Turtura nomen (h)abis*, sed turtur vera fuisti,
cui coniux moriens non fuit alter amor.

Turtura hießest du wohl, doch Turteltaube, das warst du,
die nach dem Tode des Manns keinem mehr Liebe geschenkt.

Rom. DI 2142. 6. Jh. Dist.

* habes.

34.

Hic iaceo coniux Crati et Hilari dicta Asphale
moribus et vita digna puella viris.

Kratus' und Hilarus' Weib lieg' ich hier, mein Name Asphale,
durch Charakter und Ruf war meiner Gatten ich wert.

Rom. CE 1024. Dist.

35.

Aus der Grabschrift der Tarquinia Modesta

Nam fuit eximia specie miroque decore,
mens inerat vere corpore digna suo.

Denn berückend war sie an Reiz und von seltenem Zauber,
und ihr geistiger Wert war ihrem Körper gemäß.

Benevent. CE 1303. Verschollen. Dist.

36.

Exemplum periit castae, lugete, puellae!
Oppia iam non est, erepta est Oppia Firmo.

Trauert, es ist ein Muster jungfräulicher Reinheit gestorben!
Oppia ist nicht mehr, entrissen ist sie dem Firmus.

Anagni-Anagnia. CE 423. 2.Jh. Hex.

37.

Grab der Aufidia Agatha

Si meritis possem dare munera tantum,
quanta tibi debentur praemia laudis,
aureus hic titulus et littera nominis auro
condecorata legi debet, tam simplici vita
quae superis semper tam grata fuisti.

Könnt' ich für dein Verdienst den Entgelt, den rechten, dir geben,
so wie es dir gar wohl als Lobspruch könnte gebühren,
müßte die Grabschrift hier in Gold und die Lettern des Namens
auch in Gold hier stehn bei doch so einfachem Leben,
die den Himmlischen du ja stets willkommen gewesen.

Sarsina, jetzt Urbino. CE 1088. Hex.

38.

Aus der Grabschrift der Pontia: Roman einer Römerin

Tradita virgo toris decimum non pertulit annu(m)
coniugii, infelix unica prole perit.
Quantus amor, mentis probitas quam grata marito,
quam casti mores, quantus et ipse pudor.
Nil tibi quod foedum, vitium nec moribus ullum,
dum satis obsequeris, famula dicta viri.
Denique te, memet fatis odioque gravatum
dum sequeris, vidit Corsica* cum lacrimis.
Tu Treviros** pergens cursu subvecta rotarum,
coniugis heu cultrix, dura satis pateris.
Te pater infestus genero cum tollere vellet,
temtasti laqueum, si faceret genitor.
Cedite iam veterum laudes omnesque maritae,
tempora nulla dabunt talia quae faciat.
Vir tuus ingenti gemitu fletuque rigatus
hos feci versus pauca tamen memorans.

Jungfrau, dem Gatten vermählt, hat das zehnte Jahr ihrer Ehe
noch nicht erreicht, o Qual, starb an dem einzigen Kind.
Welche Liebe! Bewährten Gemüts, willkommen dem Gatten,
welch eine keusche Natur, Schamgefühl vollends wie groß!
Fern war dir alles, was Schuld, in deinem Wesen kein Laster,
hattest du willig gehorcht, Dienerin warst du dem Mann.
Während du mir gefolgt, den Haß und Unglück belastet,
sah dich Korsika noch, Tränen dir flossen vom Aug.
Als nach Trier du fuhrst, im Reisewagen geborgen,
Trösterin, ach, des Manns, littest du Schweres genug.
Als der Vater, dir feind, dem Sohn dich wollte entreißen,
griffest du gar nach dem Strick, falls es dem Vater gelang.

* mit dem dorthin verbannten Mann. ** mit dem nach Trier versetzten Gatten.

Seht doch der Ahnen Lob und aller Lob für die Gattin,
keiner Zeit ist gegönnt eine, der solches gelingt.
Ich, dein Mann, der zerfließt in Tränen und heftige Seufzer,
hab' diese Verse gemacht, — und doch nur wenig gesagt.

San Gemini-Carsulae. CE 1846. DI 4812. Ca. 350 n. Chr. Dist.

39.

Languentem tristis dum flet Pomptilla maritum,
vovit pro vita coniugis ipsa mori.
Pro[t]inus in placidam delabi visa quietem
occidit. O celere[s] at mala vota dei,
has audire preces, vitam servare [mạrito
ut pereat vita dulcior illa m[ihi.

Als Pomptilla den Gatten beklagt', der nahe dem Tode,
bot sie ihr eigenes an für das Leben des Manns.
Und sie versank alsbald in tiefen Schlummer, so schien es,
aber sie starb. Und den Wunsch habt ihr, den schlimmen, erfüllt,
Götter, allzuschnell, dem Manne das Leben zu retten.
So sank jene dahin, mir wie mein Leben so süß.

Cagliari-Carales. CE 1551 D. Ca. 120—160 n. Chr. Dist.

40.

Dulce istic nomen Glypte iacet, omnibus olim
quas Venus inspexit praeficienda bonis,
et proba iudicio cunctorum et amica pudoris,
nec sine laetitia sermo, faceta loqui.
Si de consulta, palmam, loquerere, ferebat,
si de formosa, nemo negator erat.
Apstulit haec unus tot tantaque munera nob(is)
perfidus infelix horrificusque dies.

Süßer Name, hier liegt begraben Glypte, die allen
Guten, die Venus sah, abgelaufen den Rang,
nach dem Urteil aller erprobt und Freundin der Reinheit,
nicht ohne Anmut ihr Wort, witzig war stets ihr Gespräch.

Sprichst du von ihrem Verstand, sie erhielt die Palme des Sieges,
sprichst du von ihrem Reiz, keiner war, der ihn bestritt.
All diese Werte, so viel und so groß, es hat sie entrissen
uns ein einziger Tag, furchtbar, entsetzlich, voll Schreck!

Bajae, jetzt London. CE 1307. Dist.

41.

Grab der Manlia Sabina

Parentam amavi, qua mihi fuit parens,
virum parenti proxum[o colui loco.
Ita casta veitae constitit rat[io meae.
Valebis hospes, veive, tibi iam [mors venit.

Den Vater liebt' ich, als es nur den Vater gab,
an zweiter Stelle war mir dann der Gatte lieb.
So wollte es der keusche Zug in meinem Sein.
Nun scheide, Fremder, lebe, einmal stirbst du doch!

Rieti-Trebula Mutuesca. CE 62. Hdschr. überl. Iamb.

42.

Grab der Caecilia Phoebe

Iniqua fata, quae nos tam cito disiunxerunt.

O welch entsetzlich Los, daß uns der Tod so schnell getrennt!

Bari-Barium. CE 16. Septenar.

43.

Grab der Vincentia

Conubii decus egregium, lux alma parentum
eximiumq(ue) bonum corporis atqu(e) animi.

Ihrer Ehe Juwel, der Eltern freundliche Sonne,
und auch für Seele und Leib ganz ein besond'res Geschenk.

Epidaurum (Illyr.). CE 1311. Hdschr. überl. Dist.

44.

Aus der Grabschrift der Aelia

... Lar mihi haec quondam, haec spes, haec unica vita,
et vellet quod vellem, nollet quoque ac si ego nollem,
intima nulla ei, quae non mihi nota fuere.
Nec labos huic defuit, nec vellerum inscia fila,
parca manu set larga meo in amore mariti,
nec sine me cibus huic gratus nec munera Bacchi,
consilio mira, cata mente, nobili fama.

...Schutzgeist war sie mir einst, war Hoffnung, einziges Leben;
was ich wünschte, das wünscht' auch sie, und mied, was ich meide;
kein Geheimnis verbarg sie je, das mir nicht bekannt war.
Arbeit scheute sie nie, ihr war die Wolle geläufig,
sparsam war ihre Hand, freigebig, wo es dem Mann galt,
ohne mich schätzte sie nie die Mahlzeit, noch Gabe des Bacchus,
trefflich ihr Rat, verständig ihr Geist, ihr Ruf war verbreitet.

Nicopolis (Illyr.). CE 492. 3. Jh. Hex.

45.

Aus der Grabschrift der Festa

Anni, vota simul, heheu quam parva fuerunt!
Heu quam vita brevis, quam breve coniugium!
Aetas sola minor, nam cetera maxima Festae:
adfectus, pietas, forma, pudicitia.

Jahre und Hochzeit zugleich, wie kurz sind, ach, sie gewesen!
Ach das Leben wie kurz, ach, und die Ehe so kurz!
Kurz nur das Alter, das andere war bei Festa von Dauer:
Treue und Zärtlichkeit, Schönheit mit Keuschheit gepaart.

Narbonne-Narbo. CE 1443 A. DI 1694 a. 6. Jh. n. Chr. Dist.

46.

Coniu[gio nostro] spatium breve contigit aevi:
non capiunt longas gaudia magna moras.

Unserem Ehebund war kurze Frist nur gegeben:
  großes Glück hat nie Raum für längere Zeit.

Toulouse-Tolosa. CE 1428. DI 4320. Dist.

47.

Uxor cara viro monumentum fecit amanti:
  optaram in manibus coniugis occidere.

Dieses Grab gab die Frau, die teure, dem liebenden Manne:
  Tot in des Gatten Arm war mir mein sehnlichster Wunsch.

Ecija (Spanien)-Astigi. CE 1138. Verschollen. Dist.

48.

Grab des 82 jährigen C. Iulius Felix

Non digne, Felix, citto vitam caruisti, miselle:
vivere debueras, annis fere c(entum) licebat.

Ärmster, nicht nach Verdienst verlorst du, Felix, das Leben:
hättest leben und noch ein Jahrhundert sollen erleben.

Ammaedara (prov. Byzacene) Nordafrika. CE 1328. Hex.

49.

Grab der Pompeia Chia

Opto meae caste contingat vivere natae,
  ut nostro exemplo discat amare virum.

Sei meiner Tochter beschieden ein keusches Leben zu führen,
  daß unser Vorbild sie lehre zu lieben den Mann!

Rusicade (Numidien), jetzt Paris. CE 1287. Dist.

50.

Grab der Sittia Spes

Quisquis amat coniunx, hoc exsemplo coniungat amore(m).
  Est autem vitae dulce solaciolum.

Jede Gattin, die liebt, dies Vorbild lehre sie lieben!
Liebe! Im Leben ein Trost ist sie ein süßer ja doch.

Constantine-Cirta (Numidien). CE 1288. Dist.

51.

Hic situs est Varius cognomine Frontonianus,
quem coniunx lepida posuit Cornelia Galla.
Dulcia restituens veteris solacia vitae
marmoreos voltus statuit, oculos animumque
longius ut kara posset saturare figura.
Hoc solamen erit visus. Nam pignus amoris
pectore contegitur memor[i] dulcedine mentis
nec poterit facili labium oblivione perire,
set dum vita manet, toto est in corde maritus.

Varius liegt hier im Grab, genannt auch Frontonianus,
ihn begrub seine Frau, die holde Cornelia Galla.
Daß sie den süßen Trost des früheren Lebens verjünge,
stellte sie auf sein Bild aus Marmor; Augen und Seele
soll ihr das teure Gesicht noch lange Zeiten beglücken.
Dies ist ein Trost für das Aug. Denn das Liebespfand wird im Herzen
treulich verwahrt, denn so will's der süße Duft des Erinnerns,
kann auch nicht durch leichtes Vergessen der Lippen verschwinden;
doch solang ich noch leb', füllt ganz das Herz mir der Gatte.

Ammaedara (Nordafrika.). CE 480. 2.Jh. Hex.

52.

Crispinae co(n)iugi divinae, nutrici senatorum duum, Albus coniunx.

Crispina, der himmlischen Gattin, der Mutter zweier Senatoren, Albus der Gatte.

Rom. DE 8531.

b. ELTERN UND KINDER

Wir lesen von Söhnen (nati) und Töchtern (natae), welche ihre Eltern durch frühen Tod enttäuscht haben (deceperunt). Oftmals wird auch beklagt, daß die Eltern Kinder begraben mußten, statt daß diesen diese Aufgabe zugefallen wäre. Die ihre Kinder überlebenden Eltern nennen sich grausam oder herzlos. Die Worte auf dem Grabstein einer geliebten Mutter, die im Wochenbett starb, oder eines von der Mutterbrust gerissenen zarten Kindleins sind bisweilen ergreifend. Die Einsamkeit einer Witwe, die ihre Kinder verlor, läßt mitunter auf Grabsteinen den Wunsch laut werden, die Mütter sollten der Kinderlosigkeit nicht nachtrauern.

53.

Graxiae Alexandriae insignis exempli ac pudicitiae, quae etiam filios suos propriis uberibus educavit.

Der Graxia Alexandria, ausgezeichnet durch musterhafte Schamhaftigkeit, die auch ihre Söhne an der eigenen Brust genährt.

Rom. DE 8451.

54.

Grab des P. Critonius Polio

Mater mea mihi monumentum coeravit, quae me desiderat vehementer, me heice situm inmature.

Meine Mutter errichtete mir das Grabmal, die mich sehr vermißt, mich, der hier allzufrüh begraben liegt.

Rom. CIL VI 16606.

55.

Anthidi Chrysostom(ae), suavi loquaci av(i)c(u)lae, garrulae, quae vixit annis III mensibus V diebus III Faenomenus et Helpis parentes.

Der Anthis Chrysostoma, dem lieblichen, geschwätzigen Vögelchen, dem Plappermäulchen, das 3 Jahre, 5 Monate, 3 Tage lebte. Faenomenus und Elpis die Eltern.

Rom. CIL VI 34421.

56.

Callistian[o] consorti actus et animi.
Callist[e] et Hedone fratri b(ene) m(erenti).

Dem Callistianus, mit dem wir in Wort und Tat eins waren. Calliste und Hedone ihrem wohlverdienten Bruder.

Rom. CIL VI 14093.

57.

C. Turranius Hermadion et Varena Iucunda fecer(unt) Augurio et Augurinae, filis karissimis, qui deceperunt una unoq(ue) lecto elati.

C. Turranius Hermadion und Varena Jucunda errichteten das Grab dem Augurius und der Augurina, dem heißgeliebten Geschwisterpaar, das uns schwer enttäuschte, als man es gleichzeitig auf derselben Bahre hinaustrug.

Rom. DE 8472.

58.

Iulia Marulla parentibus dulcissim[a], quae vixit ann(is) XIIII m(ensibus) VIII dieb(us) IIII. Virgo deceptrix, vale.

Julia Marulla, den Eltern sehr lieb, sie lebte 14 Jahre, 8 Monate, 4 Tage. Mädchen, daß du uns das angetan! Lebwohl!

Pozzuoli-Puteoli. CIL X 2601.

59.

Corneliae Anniane filiae iam garrule bimule nondum, quae vixit anno uno m(ensibus) III d(iebus) X, dulcissim(ae) parentes f(ecerunt) d(e) s(uo).

Der Tochter Cornelia Anniana, die schon plaudern konnte, noch nicht zwei Jahre alt, sie lebte ein Jahr, 3 Monate, 10 Tage. Ihrem Liebling setzten die Eltern auf eigene Kosten den Stein.

Marino-Castrimoenium. DE 8488.

60.

Philostergus et Sucesa Crescenti et Primigeni[e] mame et tate bene merentibus et suis posuuit.

Philostergus und Sucesa errichteten Crescens und Primigenia, ihrer Mamma und ihrem Tata, den Wohlverdienten, und den Ihrigen das Grab.

Ascoli-Ascolum. CIL IX 5228.

61.

Viximus unanimes et prima prole beati,
in mundum duplici morte secunda venit.
Pignora dividimus: comitatur me morientem
mortua, solatur filia prima patrem.

Einträchtig lebten wir, beim ersten Kinde so glücklich,
als das zweite erschien, bracht' es uns zweifachen Tod.
Nun sind die Kinder geteilt: die verstorbene Tochter begleitet
jetzt in das Jenseits mich; Trost ist die erste für dich.

Jersey (England). CE 2080. 5. Jh. n. Chr. Vielleicht christlich. Dist.

62.

Felix Orestilla, qu(a)e feliciter Crispino Euodio nupsit, puerperio vix educta infeliciter obiit.

Felix Orestilla, die glücklich Crispinus Euodius heiratete, starb unglücklicherweise, vom Kindbett kaum aufgestanden.

Sarno-Sarnum. CIL X 1112.

63.

Grab der Candida

Qu(a)e est cruciata, ut pariret, diebus IIII et non peperit et est ita vita functa. Iustus conser(vus) p(osuit).

Sie lag vier Tage in Wehen, damit sie gebäre, und sie gebar nicht und so ist sie gestorben. Mitsklave Justus hat das Grab errichtet.

Salona (Dalmatien). CIL III 2267.

64.

Grab der Aeturnia Zotica

Quae partu primo post diem XVI relicto filio decessit.

Sie starb 16 Tage nach ihrer ersten Geburt mit Hinterlassung des Sohnes.

Angora-Ancyra. DE 1914. M. A.

65.

L. Cornelius Drosus anniculus.

Lucius Cornelius Drosus, ein Jährlein alt.

Cadix-Gades. DE 8483.

66.

A]emilia Donativ[a] v(ixit) a(nnum) I m(enses) IIII d(ies) XIII h(ic) s(ita) e(st), quae dulcior vixit rosa.

Aemilia Donativa, 1 Jahr, 4 Monate, 13 Tage alt, liegt hier; sie lebte süßer als eine Rose.

Theveste (Numidien). CE 2185. M. A.

67.

Sex. L. M. Iuliei C(ai) f(iliei) parentibus sueis.

Sextus Julius, Lucius Julius und Marcus Julius, die Söhne des Gaius, ihren Eltern.

St. Remy (Südfrankreich)-Glanum. CIL XII 1012. 1.Jh. v. Chr.

68.

Grab der Claudia Extrikata

Haec cum scriberem, lacrimis atramentum temperavi. Dulcissima mater filiis salutem. Quid statis et recitatis titulum monumenti mei? XLV annis vobis vixi, in XLVI excidi, quando datum est.

Als ich dies schrieb, habe ich durch meine Tränen den Firnis (Schreibmittel) verdünnt. Die süßeste Mutter grüßt ihre Söhne. Was steht ihr da und lest die Schrift meines Grabmals? 45 Jahre habe ich für euch gelebt, im 46. bin ich ausgeschieden, als es mir bestimmt war.

Caesarea (Mauretanien). DE 9144.

69.

Garrula cum venerit nobis in mente loquella
incendis varios viscera nostra focos.
Pulcher in aspectu ludebas in aula parentum
cunctorum gaudens blandus amator eras.
Eheu quam misera contundis ossa sepulchri,
fimbria parentum altera flamma cremas.

Denken wir heut zurück an dein Geplauder, Gezwitscher,
flammt im Herzen uns auf Glut recht verschiedener Art.
Spieltest, ein liebliches Bild, vergnügt im Hause der Eltern,
freundlich und hold, wie du warst, hatten sie alle dich lieb.
Ach was für traurig Gebein wird hier in der Erde vernichtet:
mit einem anderen Brand sengst du den Eltern das Herz.

Rom. DI 4748. Hdschr. überl. Dist.

70.

Rapta sinu matris iacet hic miserabilis infas
ante novem plenos lunae quam viveret orbes.

Weg von der Mutter Brust liegt hier unselig ein Kindlein,
Noch bevor es der Monde nur neun im Leben durchmessen.

Rom. CE 397. 1. Jh. Hdschr. überl. Hex.

71.

Hic Optata sita est, quam tirtia* rapuit aestas.
  Lingua, manu numquam dulcior ulla fuit.

Hier liegt Optata im Grab, die nur drei Sommer erlebte.
  Zunge und Händchen so lieb, keine besaß es wie sie.

Rom. CE 2124. DI 4756. Dist.

---

* tertia.

72.

Grab der Flavia Amoena

Ut rosa amoena homini est quom primo tempore floret,
  quei me viderunt, seic ego amoena fui.

Wie die Rose den Menschen erfreut, wenn sie aufblüht im Frühling,
  so war lieblich auch ich allen, die je mich geschaut.

Rom. CE 967. 1.Jh. v. Chr. Dist.

73.

Grab der Maria Victorina

Bis nonam carptura rosam mihi decidit aetas,
heu dolor, et vernum maculavit funus Aprilem.

Achtzehnmal pflückt' ich euch, Rosen, und dann entschwand mir die Jugend,
schmerzlich, o Tod im Lenz, du hast den April mir verdorben.

Rom. CE 1966 A. DI 104. Hex.

74.

Calliste mihi nomen erat, quod forma probavit.
  Annus ut accedat, ter mihi quintus erat.
Grata fui domino, gemino dilecta parenti.
  Septima languenti summaque visa dies.
Causa latet fati, partum tamen esse loquontur,
  sed quaecumque fuit, tam cito non merui.

„Schönste" ward ich genannt, dem entsprach das spätere Wachstum.
Fünfzehn zählte ich jetzt, fügt noch ein Jahr man hinzu.
Liebwert war ich dem Herrn, den beiden Eltern willkommen.
Siebenter Krankheitstag, du warst mein letzter zugleich.
Dunkel des Schicksals Grund; es heißt, so war mir's beschieden.
Was es auch immer war, nicht verdient' ich's so schnell.

Rom. CE 1035. Dist.

75.

Grab der Geminia Agathe Mater

Mater nomen eram mater non lege futura,
quinque etenim solos annos vixisse fatebor
et menses septem diebus cum vinti duobus.
Dum vixi, lusi, sum cunctis semper amata.
Nam pueri voltum, non femine, crede, gerebam,
quam soli norant Agathen, qui me genuerunt,
rufa coma, tonso capite posttrema remisso.

Mater hieß ich, doch Mutter zu sein verbot mir das Schicksal;
denn ich muß es gestehn, fünf Jahre nur währte mein Leben,
sieben Monde, die Zahl der Tage nur zweiundzwanzig.
Spielen nur war mir die Zeit, doch ward geliebt ich von allen.
Denn eines Knaben Gesicht, keines Mädchens, trug ich, das glaub mir,
als Agathe mich nur, die mich erzeugten, erkannten,
rot war mein Haar, bei geschorenem Haupt hing's lose nach hinten.

Rom. CE 562. Hex.

76.

Prae cunctis opibus laudem servavit honesti
iustitia pietate fide Prudentia sollers
sancta pudica decens uni devota marito.
Cuius ab occasu vincli pertesa iugalis
octo et bi(s)senis vidua permansit in annis.
Natorum curam miro suspexit amore.

Vor allem übrigen Wert lag dir am Herzen das Edle
durch dein Rechtsgefühl, durch Lieb' und Treue, Prudentia,
züchtig, geschickt und fromm, nur einem Manne ergeben.
Seit er entrissen ihr war, wollt' nichts von Liebe sie wissen.
Witwe ist sie sodann zwei volle Jahrzehnte geblieben,
auf ihrer Kinder Wohl bedacht mit seltener Liebe.

Rom. CE 736. DI 4752. Hex.

77.

Hic miser Antheros posuit duo corpora fratrum.

Armer Antheros, er begrub zwei Leichen von Söhnen.

Rom. CE 416. Hdschr. überl. Hex.

78.

Grab der Veturia Grata

Vel nunc morando resta, qui perges iter,
Etiam dolentis casus adversos lege,
Trebius Basileus coniunx quae scripsi dolens,
Vt scire possis infra scripta pectoris.
Rerum bonarum fuit haec ornata suis,
Innocua simplex, quae numquam errabit dolum,
Annos quae vixit XXI et mensibus VII
Genuitque ex me tres natos, quos reliquit parbulos,
Repleta quartum utero mense octavo obit.
Attonitus capita nunc versorum inspice,
Titulum merentis oro perlegas libens:
Agnosces nomen coniugis gratae meae.

Bleib jetzt noch etwas stehn, bevor du weitergehst,
und lies auch, welches Unglück mich betroffen hat,
Trebius Basileus, den Gatten, der's mit Schmerzen schrieb,
damit du wissest, wie es kommt von Herzensgrund.
Den Ihren war mit jeder Tugend sie geschmückt,
schuldlos und schlicht und nie auf einem Trug ertappt,
lebt' einundzwanzig Jahre sieben Monate.

Drei kleine Kinder ließ zurück, beim vierten starb
die Frau im achten Monat ihrer Schwangerschaft.
Gerührt den ersten Laut schau an von jedem Vers
und lies geneigt die Grabschrift einer, die's verdient:
den Namen wirst du finden meiner lieben Frau.

Rom. CE 108. Verschollen. Iamb.

79.

Hoc situs est tumulo castus de semine casto
filius hic Andrae nomen avi referens,
qui nec bis denos vitae contigerat annos,
implebat roseas barbula grata genas.

Hier im Grabe liegt keusch, von keuschem Stamme geboren,
des Andreas Sohn, hieß wie sein Großvater auch,
Zwanzig Jahre noch nicht konnt' er sein Leben genießen,
rosige Wangen, gar fein hat ihn ein Bärtchen geschmückt.

Rom. CE 1399. DI 3548. Hdschr. überl. Dist.

80.

Una dies adimit crudeli clade peremtas,
quis ara haec positast, poena hominis miseri.
Filia namque perit, periit et mater, eundem
deserit illa patrem, deserit illa virum.

Ein Tag nahm sie hinweg, gefällt vom grausamen Schicksal,
denen das Grab hier gesetzt, Qual für's verlassene Herz.
Denn es ging dahin die Tochter, dahin auch die Mutter;
jene den Vater verließ, diese verließ ihren Mann.

S. Maria di Capua-Capua, jetzt Neapel. CE 1281. Dist.

81.

Infelix annosa viro nataeq(ue) superstes

Unglückselig, bejahrt, da Mann und Tochter gestorben.

Capua. CE 844. Hex.

82.

Grab der Papiria Tertia

Cernis, ut orba meis, hospes, monumenta locavi
et tristis senior natos miseranda requiro.
Exemplis referenda mea est deserta senectus,
ut steriles vere possint gaudere maritae.

Daß verwaist ich den Meinen ein Denkmal errichtet, das siehst du,
Fremder, und traurig und alt nach Kindern ich schaue, ich Arme.
Und wie so oft es geschieht, es ist mein Alter vereinsamt,
so daß sich freuen mag die Frau, der Kinder versagt sind.

Ferrara. CE 369. Hex.

83.

Nomine Iulianus, menses exc[e]dere septem
haut licitum, multum flevit uterque parens.

Julianus ich hieß, nur sieben Monate Leben
war mir vergönnt: sehr geweint haben die Eltern um mich.

Merida (Spanien)-Emerita. CE 1197. 2. Jh. Dist.

84.

Eximia specie iacet hic Priscilla puella,
sex et viginti secum quae pertulit annos.
Hanc fratres pietate pari maestique sororem
sedibus Elysiis condiderunt tumulo.

Außerordentlich schön liegt hier das Mädchen Priscilla,
die der Jahre zwanzig und sechs durchs Leben getragen.
Diese Schwester bargen mit gleicher Liebe und Trauer
ihre Brüder im Grab für das elysische Reich.

Carthago. CE 1188. Dakt.

85.

Relief am Sarkophag eines Kindes, Szenen aus dem Kinderleben darstellend

M. Cornelio M. f(ilio) Pal(atina) Statio p[arentes filio] fecer(unt).

Dem Marcus Cornelius, dem Sohne des Marcus aus der Tribus Palatina; die Eltern haben dem Sohn das Grab errichten lassen.

Paris, Louvre Musée Campana no. 324.

86.

Grab der Festiva und des Sodalis

Contegit hic tumulus duo pignora cara parentum,
indicat et titulus, nomine quo fuerint.
Sors prior in puero cecidit, sed flebile fatum,
tristior ecce dies-renovat mala volnera, sana
et modo quae fuerat filia, nunc cinis est.

Dieser Hügel bedeckt zwei Pfänder, teuer den Eltern,
und diese Grabschrift besagt, wie sie mit Namen genannt.
Früher traf den Knaben das Los, doch das klägliche Schicksal
— trauriger noch der Tag — erneuert die schrecklichen Wunden:
Asche die Tochter ist jetzt, die noch eben gesund.

Cadix-Gades. CE 1158. 1.Jh. Dist.

87.

Nome fuit nomen, haesit nascenti Cusuccia:
utraq(ue) hoc titulo nomina significo.
Vixi parum dulcisq(ue) fui dum vivo parenti.
Hoc titulo tegeor, debita persolvi.

Nome hieß ich, als neugeborene aber Cusuccia:
Doppelname, du seist hier auf dem Grabe genannt.
Lebte zu kurz, war lieb, solang ich lebte, den Eltern.
Und nun deckt mich dies Grab, hab' den Tribut bezahlt.

Sevilla-Hispalis. CE 1316. Hdschr. überl. Dist.

88.

Aus der Grabschrift der Aelia

O nefas indignum, iacet hic praecla[ra puella,
hoc plus quam dolor est, rapta est specios[a puella.
Pervixit virgo; ubi iam matura placebat,
nuptias indixit, gaudebant vota parentes.
Vixit enim ann(os) XVII et menses VII diesque XVIII.
O felice patrem, qui non vidit tale dolorem.
Heret et in fixo pectore volnus Dionysiadi matri,
et iunctam secum Geron pater tenet ipse puellam.

Gibt's ein schrecklicher Unrecht! Hier liegt ein treffliches Mädchen,
doppelter Schmerz es ist, es starb ein Mädchen voll Schönheit.
Mädchen blieb sie; doch als sie gefiel in reiferen Jahren,
kündet die Hochzeit sie an; die Wahl erfreute die Eltern.
Siebzehn Jahr' ward sie alt, sieben Monate achtzehn Tage.
Vater, es war dein Glück, daß dieser Schmerz dir erspart blieb.
Mutter Dionysias, dir haftet im Herzen die Wunde,
mit sich vereint hält fest der Vater Geron die Tochter.

Arles-Arelate. CIL XII 743. CE 454. 2. Jh. n. Chr. Hex. (außer V. 5).

89.

Grab der Corale

Ludite felices, patitur dum vita, puellae:
saepe et formosas fata sinistra ferunt.

Spielet, ihr glücklichen Mädchen, solange das Leben es duldet:
denn auch die Schönen raubt oft ein mißlich Geschick.

Spoleto-Spoletum. CE 1167. Dist.

90.

Grab der Herennia Crocine

Vixi ego et ante aliae vixere puellae.

Ich hab' gelebt, und es lebten vor mir schon andere Mädchen.

Cadix-Gades. CE 1566. Hex.

c. SONSTIGE FAMILIENANGEHÖRIGE

Auch anderen Verwandten, nahen und entfernten, sogar der treusorgenden Amme wurden oftmals Grabdenkmäler gesetzt.

91.

Amphelidi, aviae pientissimae, que vixit ann(is) cent(um) duo, vidua ann(is) XXX.

Der Amphilidis, der liebevollen Großmutter, die einhundertzwei Jahre lebte, als Witwe 30 Jahre.

Rom. DI 4545.

92.

D. M. Palladio Politice socera f(aciendum) c(uravit) genero pientissimo.

Den Manen. Dem Palladius hat Politice, seine Schwiegermutter, das Grabmal errichtet, ihrem liebevollen Schwiegersohn.

Genf-Genava. CIL XII 2630.

93.

T. Iul(ius) Pompeius Tertullus socero optimo.

Titus Julius Pompejus Tertullus seinem besten Schwiegervater.

Nyon (Schweiz)-Noviodunum. DE 7005.

94.

Aemiliae Iucundae matri filiae et fili et generi f(aciendum) c(uraverunt).

Der Mutter Aemilia Jucunda ließen die Töchter, Söhne und Schwiegersöhne das Grab setzen.

Caesarea (Mauretanien). CIL VIII 21127.

95.

D. M. S(acrum). Arruntia Prisca v(ixit) a(nnis) XLV. Sex. Aelius Valentinus privigenus rarissime feminae merenti fecit.

Den Totengöttern geweiht. Arruntia Prisca lebte 45 Jahre. Sextus Aelius Valentinus, der Stiefsohn, hat der wohlverdienten ganz seltenen Frau das Grab gemacht.

Nova Sparsa (Numidien). CIL VIII 4627.

96.

Rubriae Eutychiae nutrici Haelviae.

Der Rubria Eutychia, der Amme der Helvia.

Rom. CIL VI 5063.

97.

Terentiae Thisbe Terentia Selicia nutrici lactariae f(ecit).

Terentia Selicia hat der Terentia Thisbe, der milchspendenden Nährmutter, den Stein gesetzt.

Rom, jetzt Pesaro. DE 8536.

98.

Nutrix mellitissima fecit alumno suo L. Valerio Stachyo, qui vixit men(sibus) VIII dieb(us) XXV.

Die honigsüße Amme hat ihrem Pflegekind Lucius Valerius Stachyus den Grabstein errichtet; er lebte 8 Monate, 25 Tage.

Rom. DE 8537.

99.

Cornelia Anthusa Iuniae Primae mammulae suae, verae matri, iuc(undissimae) dulc(issimae). Sine lite vixit an(nis) LXXXII.

Cornelia Anthusa der Junia Prima, ihrer lieben Amme, ihrer wahrhaften Mutter, dem angenehmsten und süßesten Wesen. Ohne Streit lebte sie 82 Jahre.

San Felice-Circei. DE 8549.

100.

Mariae Marcellinae nutrici suae et Caedi Rufini conlactanei C. Tadius Sabinus mil(es) coh(ortis) II. pr(aetoriae) bene merentibus.

Der Maria Marcellina, seiner Amme, und dem Gedächtnis des Milchbruders Caedius Rufinus. Gaius Tadius Sabinus, Soldat der 2. Praetorianerkohorte, den Wohlverdienten.

Pesaro-Pisaurum. CIL XI 6345.

101.

Sex(tus) Masuinnius Verinus tutori optimo, qui me per ann(os) XIIII vice parentium sustinuit et ad aliquam facultatem perduxit, sanctissimo et merentissimo.

Sextus Masuinnius Verinus seinem trefflichen Vormund, der an mir 14 Jahre lang Elternstelle vertrat und mich beruflich ausbilden ließ, dem höchst verehrungswürdigen und wohlverdienten Manne.

Grenoble-Gratianopolis. DE 7001.

102.

D(is) M(anibus). Laudio Montanio Cassiano Vireius Maximianus filius adoptatus (h)erens Cassiani supra scripti. Ago gratias tue (h)ereditati.

Den Manen. Dem Claudius Montanius Cassianus der Adoptivsohn Vireius Maximianus, Erbe des obengenannten Cassianus. Ich sage Dank für deine Erbschaft.

Aixme (Südfrankreich)-Axima. CIL XII 122.

103.

Maesius Hylas sibi et suis, lib(ertis) libertabusque eorum et amicis set degnis.

Maesius Hylas hat für sich und die Seinigen das Grab errichtet, deren Freigelassenen beiderlei Geschlechts und den Freunden, aber nur den würdigen.

Rom. DE 8560.

III. GRÄBER VON HERREN, SKLAVEN UND FREIGELASSENEN

Die Sklavenwirtschaft war für den antiken Menschen etwas Selbstverständliches. Auch die Kinder von Sklaven, die Haussklaven, vernae, wurden nach römischem Recht wieder Sklaven. Sie alle fanden im Haus des Patrons Beschäftigung, besaßen aber keine Rechtsfähigkeit. Sie waren das Werkzeug eines Herrn, der seine Untergebenen oft hart behandelte; zahlreiche Sklaven jedoch wurden wie die eigenen Angehörigen gehalten. Die Sklaven konnten unter sich Ehen schließen und hießen dann contubernales, Wohnungsgenossen, Kameraden, Gefährten. Nicht selten kamen auch Ehen zwischen Herrn und Sklavin, zwischen Herrin und Sklaven zustande.

Die Sklaven konnten sich so viel Geld erwerben, daß sie die Möglichkeit hatten, sich aus der Sklaverei loszukaufen. Doch auch ohne Lösegeld konnte einem verlässigen Sklaven durch Überreichung einer Urkunde oder durch eine testamentarische Bestimmung die Freiheit geschenkt werden. So wurde der Freigelassene, libertus, in den freien Bürgerstand aufgenommen und bekam Vornamen und Geschlechtsnamen seines früheren Herrn.

104.

A. Furius Crassus A. Furius Festi ver(na) loco f(ilii) hab(itus) es(t), vixit an(nis) IIII m(ensibus) VI d(iebus) XXVIIII.

Aulus Furius Crassus, der Haussklave des Aulus Furius Festus, wurde wie ein Sohn gehalten, er lebte 4 Jahre, 6 Monate, 29 Tage.

Rom. DE 8554.

105.

Papus, qua* ad* vixit, conservis fuit karus.

Papus war, solange er lebte, seinen Mitsklaven lieb.

Rom. DE 8413. M. A.

* = quoad.

106.

Grab des A. Memmius Clarus, gestiftet von seinem Mitfreigelassenen

Inter me et te, sanctissime mi conliberte, nullum unquam disiurgium fuisse conscius sum mihi. Hoc quoque titulo superos et inferos testor deos una me tecum congressum in venalicio, una domo liberos esse factos, neque ullus unquam nos diunxisset nisi hic tuus fatalis dies.

Daß zwischen mir und dir, mein liebster Mitfreigelassener, nie ein Streit geherrscht, dessen bin ich mir bewußt. Auch auf diesem Grabstein rufe ich die ober- und unterirdischen Götter zu Zeugen auf, daß ich gleichzeitig mit dir beim Sklavenverkauf zusammengekommen bin, zusammen aus dem Hause entlassen wurde, und kein Tag hätte uns je getrennt außer diesem deinem Schicksalstag.

Rom. DE 8432.

107.

Q. Flavius Hilarus fecit monumentum sibi et Q. Flavio Hermeroti fratri et Q. Flavio Gamo cognato et suis libertis libertabusque, quos manumisi et quos manumisero.

Quintus Flavius Hilarus errichtete das Grabdenkmal für sich, den Bruder Quintus Flavius Hermeros, seinen Verwandten Quintus Flavius Gamus und für die männlichen und weiblichen Freigelassenen, denen ich die Freiheit schenkte und noch schenken werde.

Rom. CIL VI 18104.

108.

Dis Manibus. Longinia Procla fecit sibi et suis libertis libertabusque posterisque eorum, ita preter eas, que me vivam reliquerunt. Neque aditu(m) neque introitu(m) habeant in hoc monim(entum).

Den Manen. Longinia Procla errichtete das Denkmal für sich, für ihre Freigelassenen beiderlei Geschlechts und deren Nachkommen, ausgenommen die, welche sie zu Lebzeiten verließen. Weder Zugang noch Eintritt sollen sie in dieses Grabmal haben.

Rom. DE 8283.

109.

P. Aelius Aug(usti) lib(ertus) Melitinus invitator fecit sibi et Aeliae Severae uxori karissimae, lib(ertis) liberta(bus)q(ue) meis posterisque eorum, excepto Eutyche lib(erto) meo, cuius neque corpus neque ossa in hoc monumento inferri nolo.

Der kaiserliche Freigelassene Publius Aelius Melitinus, „Einlader", ließ für sich, seine liebe Gattin Aelia Severa, für seine männlichen und weiblichen Freigelassenen und deren Nachkommen das Grab setzen, ausgenommen soll sein mein Freigelassener Eutyches, dessen Leichnam und Gebeine nach meinem Willen in diesem Denkmal nicht beigesetzt werden sollen.

Rom. CIL VI 8857a.

110.

Aurelius Festus Furciae Flaviae Filiastrae benemerenti et domine et patronae. Quamdius vivo, colo te, post mortem nescio. Parce matrem tuam et patrem et sororem tuam Marinam, ut possint tibi facere post me sollemnia.

Aurelius Festus der Furcia Flavia Filiastra, der wohlverdienten Herrin und Patronin. Solang ich lebe, ehre ich dich, was nach meinem Tode sein wird, weiß ich nicht. Schone deine Mutter, deinen Vater und deine Schwester Marina, damit sie dir nach mir Ehre erweisen können.

Rom. CIL VI 13101. M. A.

111.

Am Schluß einer Grabschrift

Atimeto lib(erto), cuius dolo filiam amisi, restem et clavem, unde sibi collum alliget.

Dem Freigelassenen Atimetus, durch dessen Tücke ich meine Tochter verlor, Strick und Nagel, woran er sich erhängen soll!

Rom. CIL VI 12649.

112.

Primigenio ser(vo) domini amantissimo et frugalissimo.

Dem Primigenius, dem seinem Herrn ergebensten und anspruchslosesten Sklaven.

Narbonne-Narbo. CIL XII 5075. 1.Jh.

113.

Salviae Sacrariae Xystus conser(v)us de suo dat.

Der Salvia Sacraria stiftet ihr Mitsklave Xystus den Grabstein aus eigenen Mitteln.

Verona. DE 5003.

114.

[Dis Manibus] Hardalionis collegium conser(vorum) b(ene) m(erentis) posuit.

Den Manen des wohlverdienten Hardalio setzte der Verein der Mitsklaven das Denkmal.

Halton Chesters (England)-Hunnum. CIL VII 572.

115.

D. M. Fideli Iucunda contubernali.

Den Todesgöttern. Jucunda dem Sklaven Fidelis, ihrem Mann.

Barcelona-Barcino. CIL II 4570.

116.

M.' Egnatius M.' l(ibertus) Lucullus ... Manumissus eodemque die decessit, carus amicis annorum natus XXXI.

Manius Egnatius Lucullus, des Manius Freigelassener ... Freigelassen und selbigen Tages verstorben, den Freunden teuer, 31 Jahre alt.

Pozzuoli-Puteoli, jetzt Neapel. DE 7842.

117.

Septimio C. f(ilio) Fortunato et Septimiae concubinae sive servae sive libertae.

Grab, bestimmt für Septimius Fortunatus, den Sohn des Gaius, und seine Nebenfrau Septimia, sei sie noch Sklavin oder Freigelassene.

Bergamo-Bergomum. DE 8553.

118.

Grab des Centurionen L. Valerius Seranus, mit den Namen mehrerer Freigelassenen

Non fui maritus et reliqui liberos.
Servi domino: Macte tu vale.

Ehmann war ich nicht, doch macht' ich Sklaven frei (=doch Kinder ließ ich zurück).
Sklaven grüßen den Herrn: Recht so, wohl dir!

Dubravitza-Margum. CIL III 8143. CE 2162. M. A.

119.

G. Lucilia G. Severiano filio pientessimo posuit, quem libertus suus hoccidit.

Gaia Lucilia setzte ihrem liebevollen Sohn Gaius Severianus das Denkmal, den sein Freigelassener ermordete.

Apt (Südfrankreich)-Apta. CIL XII 1128.

120.

Grab des L. Aemilius Hippolytus

L. Aemil(ius) Euhodus collib(erto) et educ(atori) b(ene) m(erenti) p(osuit), qu(i) v(ixit) ann(os) XCVII sine dolore, qu(i) fuit natione Graecus.

Lucius Aemilus Euhodus errichtete das Grab seinem Mitfreigelassenen und wohlverdienten Erzieher, der 97 Jahre glücklich lebte, der Abstammung nach Grieche.

Tarragona-Tarraco. CIL II 4319.

121.

Hero vivus sibi posuit et Silvane patriciae, dominae et uxori, muliaeri pientissimae; quius beneficio vixi pos* misione* anos XXX sene bile.

Hero hat für sich das Grabmal errichtet und für Silvana die Patrizierin, seine Herrin und Gattin, sein liebevolles Weib; dank ihrer Wohltat hab' ich nach meiner Freilassung mit ihr 30 Jahre ohne Verdruß gelebt.

Arles-Arelate. CIL XII 682a.

* = post missionem.

122.

Grab der Freigelassenen Anicia Glycera

Fui probata, quae viro placui bono, qui me ab imo ordine ad summum perduxit honorem.

Ich habe mich wohlbewährt, die ich einem guten Manne gefallen habe, der mich von der untersten Lebensschicht zur höchsten Ehre geführt hat.

Aquileja. CE 66. M. A.

123.

Aus der Grabschrift der Freigelassenen Allia Potestas

Prima toro delapsa fuit, eadem ultima lecto
se tulit ad quietem positis ex ordine rebus,
lana cui e manibus nuncquam sine caussa recessit.

Aufgestanden zuerst, ging sie als letzte zur Ruhe,
erst wenn gewiß sie war, daß nunmehr alles in Ordnung.
Nie ohne dringenden Grund legt' aus der Hand sie die Wolle.

Rom. CE 1988. Ca. 300 n. Chr. Hex.

124.

Kenotaph des treuen Sklaven Domesticus

Hoc mihi noster erus sacravit inane sepulcrum,
villae tecta suae propter ut aspicerem,
utque suis manibus flores mihi vinaque saepe
funderet et lacrimam, quod mihi pluris erit.
Nostros nam cineres Pollentia saeva subegit,
est et ibi tumulus, nomen et ara mihi.
Nec tamen aut illi supter crudelia busta
aut istas sedes nostra subit anima,
sed petat Asurios, petat ille licebit Hiberos,
per mare, per terras subsequitur dominum.

Leer ist dies Grabdenkmal, es hat unser Herr mir gewidmet,
daß ich das Dach seines Heims schaue, das mir so nah,
daß er mit eigener Hand auch Wein und Blumen mir reiche,
auch eine Träne mir weint, was mir noch höher an Wert.
Denn meine Asche birgt Pollentia, das mir ein Greuel,
dort ist nun auch mein Altar, dort ist mein Name, mein Grab.
Doch ist mein Herz weder dort an dieser grausamen Stätte,
noch hat als Ruhestatt hier diesen Platz es gewählt,
mag nach Assyrien er, mag gehen er zu den Hiberern,
ob über Land, über Meer, folgt es doch immer dem Herrn.

Frascati-Tusculum, jetzt Rom. CE 1185. Ca. 160 n. Chr. Dist.

125.

Grabschrift eines kurz vor der Freilassung gestorbenen Sklaven

Qui si vixisset, domini iam nomina ferret.
Hunc casus putei detulit ad cineres.

Hätte er länger gelebt, er trüge den Namen des Herrn jetzt.
Doch in den Brunnen ein Sturz raffte zum Hades ihn hin.

Ferrara. CE 1157. Dist.

126.

Fato crudeli siqua est erepta puella,
certe ego, quae dominae cara puella fui,
quae me omnes artes docuit. Doctissima cum essem,
rapta Scope nunc legor hoc titulo.

Wurde ein Mädchen je durch ein grausames Schicksal entrissen,
so sicher ich, die ich war stets bei der Herrin beliebt.
Diese lehrte mich jegliche Kunst. Und als ich am Ziel war,
heiß' ich, dahingerafft, Scope nur auf diesem Stein.

Sulmona-Sulmo. CE 1213. Dist.

127.

Grab eines frühverstorbenen Haussklaven

Nomen non dico nec quod vixerit annis,
ne dolor im mentem cum legimus maneat.
Infans dulcis eras, sed tempore parvo.
Mors vitam vicit, ne libertatem teneres.
Heiu non dolor est, ut quem amas pereat?
Nunc mors perpetua libertatem dedit.

Namen? Ich nenne ihn nicht, auch nicht die Zahl seiner Jahre,
daß nicht beim Lesen der Schrift fasse uns bitterer Schmerz.
Warst uns ein liebes Kind, doch kurz war dein Leben bemessen.
Leben vertauschtest mit Tod, damit du die Freiheit nicht sehest.
Ach, ist es nicht ein Schmerz, wenn du verlierst, den du liebst?
Jetzt hat der ewige Tod dir die Freiheit gebracht.

Carthago. CE 1331. Dakt.

IV. GRÄBER VON VERTRETERN VERSCHIEDENER STÄNDE UND BERUFE

a. HANDEL

Die Freigelassenen, von höheren zivilen und militärischen Ämtern ausgeschlossen, wandten sich hauptsächlich dem Handel und Gewerbe zu. Den Handel hielten die freien Römer für eine unwürdige Erwerbsart. Doch es wurde nur der Kleinhandel verachtet, dagegen galt der in großem Maßstab betriebene Handel als untadelhaft. Der Großhändler führte Waren von überallher ein, welche die Großstadt benötigte und die nach Ostia und Puteoli verfrachtet wurden. Der Kapitalmarkt, die Spekulation, das Bankierwesen und die Fabrikation von Waren en gros wurden hochgeschätzt und brachten viel Geld ein. Zahlreiche Freigelassene erwarben sich ungeheure Reichtümer durch ihre kaufmännischen und geschäftlichen Unternehmungen. Viele von ihnen machten dem Staat oft große Zuwendungen.

128.

C. Iulius Epaphra pomar(ius) de circo maximo ...

Gaius Julius Epaphra, Obsthändler vom Circus Maximus ...

Rom, jetzt Bologna. DE 7496.

129.

L. Billienus macellarius sibi et suis.

Lucius Billienus, Fleischwarenhändler, für sich und die Seinen.

Rom. CIL VI 9532.

130.

Aurelia C(ai) l(iberta) Nais piscatrix de horreis Galbae.

Aurelia Nais, Freigelassene des Gaius, Fischhändlerin bei den Speichern des Galba.

Rom. CIL VI 9801.

131.

A. Fuficius A(uli) l(ibertus) Zethus mellar(ius) a port(a) Trigem(ina).

Aulus Fuficius Zethus, Freigelassener des Aulus, Honighändler vom Dreibogentor.

Rom. DE 7497.

132.

Pollecla que (h)ordeu(m) bendet* de bia** noba**.

Pollecla, Gerstenverkäuferin von der Neuen Straße.

Rom. DI 685b.

* vendit. ** via nova.

133.

Ti. Claudio Probo materiario.

Dem Tiberius Claudius Probus, Holzhändler.

Rom. CIL VI 9561.

134.

Ego sum L. Lutatius Paccius thurarius de familia rege Mitredatis.

Ich bin Lucius Lutatius Paccius, Weihrauchhändler aus der Familie des Königs Mithridates.

Rom. DE 7612.

135.

D(is) M(anibus) L. Faeni Telesphori unguentari Lugdunensis et Faeniae Restitutae uxori eius, fecit Sergia Tyche.

Den Manen des Lucius Faenius Telesphorus, Salbenhändlers aus Lyon, und dessen Gattin Faenia Restituta. Sergia Tyche ließ das Grab errichten.

Rom. DE 7611.

136.

L. Stlaccius L(uci) l(ibertus) Eros margaritar(ius) de sacra via.

Lucius Stlaccius Eros, des Lucius Freigelassener, Perlenhändler von der Heiligen Straße.

Rom. CIL VI 9548.

137.

L. Albius L(uci) l(ibertus) Thaemella gemmarius d[e] sacra via.

Lucius Albus Thaemella, des Lucius Freigelassener, Gemmenhändler von der Heiligen Straße.

Rom. DE 7708.

138.

[M. S]alvio M(arci) l(iberto) Secundo [nu]mmulario de circo Flaminio.

Dem Marcus Salvius Secundus, dem Freigelassenen des Marcus, Geldmakler vom Flaminischen Circus.

Rom. DE 7511.

139.

L. Calpurnio Daphno argentario macelli magni.

Dem Lucius Calpurnius Daphnus, Wechsler beim Großen Lebensmittelmarkt.

Rom. DE 7501.

140.

A. Septicius Sal(vii) l(ibertus) Alexander coronar(ius) de sacra v(ia).

Aulus Septicius Alexander, Freigelassener des Salvius, Kranzhändler von der Heiligen Straße.

Rom. DE 7617.

141.

Sex(tus) Peducaeus Dionysius bibliopola vivo sibi posterisque.

Sextus Peducaeus Dionysius, Buchhändler, für sich, den noch Lebenden und seine Nachkommen.

Rom. CIL VI 9218.

142.

L. Statius Onesimus viae Appiae multorum annorum negotia(n)s.

Lucius Statius Onesimus, langjähriger Händler an der Appischen Straße.

Rom. DE 8518.

143.

A. Calvius Q(uinti) l(ibertus) vestiar(ius) ab luco Lubitina.

Aulus Calvius, des Quintus Freigelassener, Kleiderhändler beim Hain der Libitina.

Rom. DE 7574.

144.

L. Arlenus L(uci) l(ibertus) Artemidorus nat(ione) Paphlago, mercator sagarius.

Lucius Arlenus, des Lucius Freigelassener, von Geburt Paphlagonier, Mantelhändler.

Rom. DE 7577.

145.

M. Caecilio Sp(urii) f(ilio) Suc(urana) Rufo solatario ab luco Semeles ex testamento eius Calvisia Zosime et M. Caecilius Callippus heredes fecerunt.

Dem Marcus Caecilius Rufus, des Spurius Sohn aus der Suburanischen Tribus, Sandalenhändler beim Hain der Semele, haben seinem Testament entsprechend die Erben Calvisia Zosime und Marcus Caecilius Callipus das Grab errichten lassen.

Rom. CIL VI 9897.

146.

Aus der Grabschrift des L. Licinius Nepos

Qui negotiando locupletem se speravit esse futurum, spe deceptus erat et a multis bene meritus amicis.

Er hoffte durch Handel reich zu werden, wurde aber von dieser Hoffnung und von vielen Freunden, um die er sich verdient gemacht, enttäuscht.

Rom. CE 1583. M. A.

147.

C. Iulio Alcimo Ravennati comparator(i) mercis sutoriae.

Dem Gaius Julius Alcimus aus Ravenna, Schuhhändler.

Mailand-Mediolanum. DE 7552.

148.

M. Egn[ati] M(arci) l(iberti) Pam[p]hili carbonari.

(Grab) des Marcus Egnatius Pamphylus, des Freigelassenen des Marcus, des Kohlenhändlers.

Benevent. DE 7665.

149.

A. Herrennuleius Cestus negotiator vinarius a septem Caesaribus idem mercator omnis generis mercium transmarinarum, lictor, vivos sibi fecit.

Aulus Herrennuleius Cestus, Weinhändler „bei den sieben Kaisern“, ebenso Händler mit jeder Art überseeischer Ware, Liktor, errichtete zu Lebzeiten für sich das Grab.

Rieti-Reate. DE 7484.

150.

C. Octavius Agathop(us) min(or) ab oriente ad occidente(m) fessus hic requiescit [e]t Regilla f(ilia). Cn. Sentio Q. Pomponio co(n)s(ulibus).

Gaius Octavius Agathopus der Jüngere, durch Reisen vom Orient zum Okzident ermüdet, ruht hier und seine Tochter Regilla. Unter dem Konsulat des Gnaeus Sentius und Quintus Pomponius.

Pozzuoli-Puteoli. CIL X 2792. Jahr 41.

151.

Vitalis C. Lavi Fausti ser(vus) idem f(ilius), verna domo natus hic situs est. Vixit annos XVI, institor tabernas Aprianas a populo acceptus, idem ab dibus ereptus. Rogo vos, viatores, si quid minus dedi me(n)sura, ut patri meo adicere(m) ignoscatis. Rogo per superos et inferos, ut patrem et matre(m) commendatos (h)abeatis. Et vale.

Vitalis, des Gaius Lavius Faustus Sklave und zugleich Sohn, als Sklave im Haus geboren, liegt hier. Er lebte 16 Jahre, als Verkäufer im Laden des Aprius bei den Leuten beliebt und von den Göttern dem Leben entrissen. Ich bitte euch, Wanderer, verzeiht mir, wenn ich etwas zu wenig an Gewicht gegeben habe, um es meinem Vater zuzuwenden. Ich bitte bei den Oberirdischen und Unterirdischen, laßt meinen Vater und meine Mutter euch empfohlen sein! Und nun ade!

Philippi (Mazedonien). DE 7479.

152.

Grab des T. Aelius Faustus, des „Glücklichen“

Moribus hic simplex situs est Titus Aelius Faustus
Annis in lucem duodetriginta moratus.
Cui dederant pinguem populis praebere liquorem
Antoninus item Commodus simul induperantes.
Rara viro vita et species, rarissima fama,
Invida sed rapuit semper Fortuna probatos.
Ut signum imvenias, quod erat dum vita maneret,
Selige litterulas primas e versibus octo.

Hier liegt ein schlichter Mann, hieß Titus Aelius Faustus,
28 Jahr' verweilte er unter der Sonne.
Ihm erlaubten ein fettes Öl zu liefern den Völkern
Antoninus und Commodus, gleichzeitige Herrscher.
Leben, Gestalt, man traf sie nicht oft, gar selten sein Ruf war.
Neidisch aber entriß doch stets die Guten Fortuna.
Willst das Merkmal du wissen, das galt, so lang ich noch lebte,
sollst von den Zeilen, den acht, die Anfangslettern du lesen.

Rom. CE 1814. 2. Jh. Hex.

153.

Grab eines durch die fides der Gläubiger wiederholt aus seiner Bedrängnis geretteten Kaufmanns

Si non molestum est, hospes, consiste et lege.
Navibus velivolis magnum mare saepe cucurri,
accessi terras conplures, terminus hicc est
quem mihi nascenti quondam Parcae cecinere.
Hic meas deposui curas omnesque labores,
sidera non timeo hic nec nimbos nec mare saevom,
nec metuo sumptus ni quaestum vincere possit.
Alma Fides, tibi ago grates, sanctissuma diva,
fortuna infracta ter me fessum recreasti,
tu digna es quam mortales optent sibi cuncti.
Hospes vive vale, in sumptum superet tibi semper,
qua non sprevisti hunc lapidem dignumque dicasti.

Wenn's dir nicht lästig, Fremder, bleibe stehn und lies:
Auf schnell segelndem Schiff hab' oft das Meer ich befahren,
hab' so manches Land besucht, doch hier ist das Ende,
das bei meiner Geburt die Parzen einst mir gesungen.
Hier hab' ich niedergelegt meine Sorgen und all meine Mühen,
Sterne fürchte ich nicht, noch Regengüsse noch Stürme,
fürchte nicht, daß die Kosten zuletzt den Gewinn übersteigen.
Gütige Fides, es sei dir gedankt, du heiligste Göttin,
gabst durch dauerndes Glück dem dreimal Bedrängten die Rettung,

du bist es wert, daß jeder dich wünscht, die Sterblichen alle.
Lebe, Fremder, lebwohl, bleib immer Geld dir im Beutel,
falls du nicht diesen Stein verachtet statt ihn zu schätzen.

Brindisi-Brundisium. CE 1533. 1. Jh. Polymetron.

154.

Grab des 85jährigen Clodius Processus

Multis annis navigando [e]t peregrinando hanc sede(m) peti.

Nach vielen Reisen zu Wasser und Land hab' ich diese Stätte aufgesucht.

Sigus (Numidien). CE 2163. M. A.

155.

Grab des P. Aelolius Felix

Amore ductus pelagi, mercib(us) insistebam.

Voll der Liebe zum Meer betrieb ich den Handel mit Waren.

Giufi (Africa proconsularis). CE 2159. M. A.

156.

Grab des L. Nerusius Mithres

Liber nunc curis fuerim qui, respice lector.
Notus in urbe sacra vendenda pelle caprina,
exhibui merces popularibus usibus aptas,
rara fides cuius laudata est semper ubique.
Vita veata fuit, struxi mihi marmora, feci
secure, solvi semper fiscalia manceps,
in cunctis simplex contractibus, omnibus aequus
ut potui, nec non subveni saepe petenti,
semper honorificus, semper communis amicis.

Wie ich war von Sorgen so frei, betrachte, o Leser!
Bekannt in der heiligen Stadt verkaufte ich Felle von Ziegen
und bot an für den Alltagsbedarf geeignete Waren,
immer und überall ward gepriesen ich, weil so verlässig.

Glücklich mein Leben war, ein Marmorgrab ließ ich mir bauen,
sorglos lebt' ich, erhob als Pächter richtig die Steuern,
bieder in jedem Vertrag, gerecht verfuhr ich mit allen,
wie ich konnte, und kam gar mancher Bitte entgegen,
Ehrenmann stets und stets gefällig war ich den Freunden.

Magliano-Forum Novum. CE 437. Verschollen. Hdschr. überl. Hex.

b. GEWERBE UND HANDWERK

Auch Gewerbe und Handwerk wurden von freien Bürgern nicht geschätzt. Da eine Werkstätte nach der Meinung der Römer nicht der Sitz edler Gesinnung sein konnte, überließ man die handwerksmäßige Arbeit den unfreien Männern, den Sklaven und auch Freigelassenen. Der Römer der ältesten Zeit freilich hielt das Bebauen des Ackers für die würdige Beschäftigung eines Mannes. Die Handarbeit, die um Gelderwerb getrieben wurde, achtete man gering, weil sie, wie man glaubte, den Menschen für höhere Interessen unempfindlich mache, ihn von politischer Tätigkeit abziehe, ja ihn zum Sklaven erniedrige. Gewerbe, die eine geistige Bildung erforderten, wie die Arzneikunde, die Baukunde und sonstige technische Wissenschaften, die von Künstlern ausgeübt wurden, galten als anständig, brachten aber nicht viel Geld ein. Auf Grabsteinen, die uns mit einer großen Anzahl von Handwerkern bekannt machen, finden sich öfters bildliche Darstellungen, die sich auf den Stand und die Tätigkeit des Verstorbenen beziehen. Das römische Handwerk organisierte sich übrigens auch zunftmäßig; eine Menge von Handwerksverbänden, collegia genannt, lassen eine Arbeitsteilung bis ins kleinste erkennen. Viele Freigelassenen gelangten zu Reichtum und Ehre.

157.

Est hoc monimentum Marci Vergili Eurysac[is.

DE 7460c (Vorderseite).

Est hoc monimentum Marcei Vergilei Eurysacis, pistoris, redemptoris, apparet.

Dies ist das Denkmal des Marcus Vergilius Eurysaces, Bäckers, staatlichen Brotlieferanten, wie zu sehen ist.

Rom. CE 13. DE 7460 b. 1. Jh. v. Chr. Das Backtröge darstellende plumpe Denkmal zeigt in Reliefs alle Einzelheiten der Brotherstellung.

158.

Au]relius L(uci) l(ibertus) [H]ermia [la]nius de colle Viminale.

Aurelius Hermia, des Lucius Freigelassener, Metzger vom Viminalischen Hügel.

Rom. CIL I 1221.

159.

Germanus mulio Reguli.

Germanus Maultiertreiber des Regulus.

Rom. DE 9431.

160.

T. Statilius Nicepor faber struct(or) parietar(ius).

Titus Statilius Nicepor, Maurer.

Rom. DE 7623.

161.

Q. Antoni Salvi l(ibertus) Eutychi pictoris.

(Grab) des Quintus Antonius Eutychus, Freigelassenen des Salvus, Maler.

Rom. CIL VI 9786.

162.

Vitalis scri[ptor ti]tulorum.

Vitalis, Verfertiger von Inschriften.

Rom, jetzt Florenz. DE 7681.

163.

Ti. Iulius Aug(usti) l(ibertus) Nicephor(us) museiar(ius) fecit sibi et libertis libertabusque suis posterisque eorum.

Der kaiserliche Freigelassene Tiberius Julius Nicephorus, Mosaikmacher, setzte sich, seinen männlichen und weiblichen Freigelassenen und deren Nachkommen das Grabmal.

Rom. DE 7670.

164.

Q. Considius Eumolpus faber eburar(ius).

Quintus Considius Eumolpus, Elfenbeinschnitzer.

Rom. CIL VI 9397.

165.

L. Furius L(uci) l(ibertus) Diomedes caelator de sacra via.

Lucius Furius Diomedes, Freigelassener des Lucius, Ziseleur von der Heiligen Straße.

Rom. CIL VI 9221.

166.

L. Uttedius Hermias gemmarius sculptor ann(os) vix(it) XLV.

Lucius Uttedius Hermias, Edelsteinschneider, lebte 45 Jahre.

Rom. DE 7709.

167.

C. Pomponius Apollonius spec(u)lar(ius) v(ixit) a(nnis) XLV.

Gaius Pomponius Apollonius, Spiegelschleifer, er lebte 45 Jahre.

Rom, jetzt Florenz. DE 7646.

168.

P. Aeli Nymphodoti plumbari.

(Grab) des Publius Aelius Nymphodotus, des Bleigießers.

Rom. CIL VI 9815.

169.

D(is) M(anibus) Ti. Claudi Soteris pictoris quadrigulari.

Den Manen des Wagenlackierers Tiberius Claudius Soter.

Rom, jetzt Pesaro. DE 7673.

170.

Fl(avio) Aquilio Hedoni candelabrio, vixit an(nos) XXIII mens(es) IV d(ies) X.

Dem Flavius Aquilius Hedo, Kandelabermacher, er lebte 23 Jahre, 4 Monate, 10 Tage.

Rom. DE 7644.

171.

L. Hostilius L(uci) l(ibertus) Amphio faber lecticarius ab cloaca maxima.

Lucius Hostilius Amphio, Freigelassener des Lucius, Sänftenbauer von der Cloaca Maxima.

Rom. DE 7719.

172.

Q. Gavius Q(uinti) l(ibertus) Primus crepidarius de Subura, vixit ann(is) XXV.

Quintus Gavius Primus, Freigelassener des Quintus, Schuster aus der Subura, er lebte 25 Jahre.

Rom. DE 7547.

173.

L. Cornel[ius] Eros inpilar[ius] de Subur[a].

Lucius Cornelius Eros, Filzpantoffelfabrikant von der Subura.

Rom. CIL VI 33862.

174.

Thymele Marcellae siricaria.

Thymele, Sklavin der Marcella, Seidenweberin.

Rom. DE 7600.

175.

D(is) M(anibus) Cypareni omatrici bene merenti Polydeuces fecit.

Den Totengöttern. Der wohlverdienten Friseuse Cyparenis ließ Polydeuces das Grab errichten.

Rom. DE 7420.

176.

P. Curius Eupor(us) tibiarius de sacra via.

Publius Curius Eupor, Flötenmacher von der Heiligen Straße.

Rom. DE 7645.

177.

P. Clodius P(ublii) l(ibertus) Metrodorus glutinarius.

Publius Clodius Metrodorus, Freigelassener des Publius, Buchbinder.

Rom. DE 7657.

178.

Q. Marcio Iovino b(ene) m(erenti) fecerunt colleg(ium) marm(orariorum).

Dem wohlverdienten Quintus Marcius Jovinus errichtete die Grabstätte der Verein der Marmorarbeiter.

Rom. CIL VI 9550.

179.

Conlegiu(m) restionu(m) in fro[nte] p(edes) XX, in agro p(edes) XX.

Verein der Seiler, in der Front 20 Fuß, in der Tiefe 20 Fuß.

Rom. CIL VI 9856.

180.

Artemidoro plumario conlegae.

Dem Brokatwirker Artemidorus seine Zunftgenossen.

Rom. CIL VI 9813.

181.

T. Mettio Potito vix(it) a(nnos) XVIII coll(egium) mul(ionum) et asinar(iorum).

Dem Titus Mettius Potitus — er lebte 18 Jahre — der Verein der Maultier- und Eseltreiber.

Potenza-Potentia. DE 7293.

182.

Aurelio Iovino ex collegio saccariorum, qui vixit annis XLV.

Dem Aurelius Jovinus aus der Körperschaft der Sackträger, er lebte 45 Jahre.

Salona (Dalmatien). DE 7292.

183.

Accepto Chiae servo lanari pectinar[i] sodales posuere.

Dem Acceptus, Sklaven der Chia, hat die Genossenschaft der Wollkrempler das Denkmal gesetzt.

Brixen-Brixia. DE 7290a.

184.

Primio Frontoni coponi Trevero amici d(e) s(uo) p(osuerunt).

Dem Primius Fronto, dem Gastwirt aus Trier, haben die Freunde auf eigene Kosten den Grabstein gesetzt.

Sens-Civitas Senonum. DE 7475.

185.

C. Postumius C(ai) f(ilius) Pollio architectus.

Gaius Postumius Pollio, Sohn des Gaius, Architekt.

Terracina-Tarracina. DE 7731.

186.

P. Marcius P(ubli) l(ibertus) Philodamus tector sibi sueisque. Hic Iucunda sepulta est, delicia eius.

Publius Marcius Philodamus, Freigelassener des Publius, Stukkateur, für sich und die Seinen. Hier ist Jucunda bestattet, seine Wonne.

Benevent. DE 7668.

187.

Primigenius clostrarius hic situs est, vix(it) an(nos) XL m(enses) III d(ies) IX.

Primigenius, Schlosser, liegt hier, er lebte 40 Jahre, 3 Monate, 9 Tage.

Caesarea (Mauretanien). CIL VIII 21103.

188.

Aus der Grabschrift des Petronius Primitivus

Qui in arte sua quod fecit male,
quis melius? Quod bene, non alius.

Was er in seinem Handwerk schlecht gemacht,
wer machte es besser? Was gut, kein anderer.

Mailand-Mediolanum. CE 1589. M. A.

189.

Grab des freigelassenen Goldschmieds M. Canuleus Zosimus

Hic in vita sua nulli maledixit, sine voluntate patroni nihil fecit, multum ponderis auri, arg(enti) penes eum semper fuit, concupiit ex eo nihil umquam.

Er sagte in seinem Leben niemand etwas Böses nach, ohne den Willen seines Patrons tat er nichts, bei ihm lag immer eine Menge Gold und Silber, aber nie begehrte er davon etwas.

Rom. DE 7695.

190.

Grab des Pagus, eines 12jährigen Goldschmieds

Noverat hic docta fabricare monilia dextra
et molle in varias aurum disponere gemmas.

Er verstand es, gechickt die Halsgeschmeide zu schaffen
und das schmiegsame Gold um bunte Gemmen zu fügen.

Rom. CE 403. Hex.

191.

Grab des Silberschmieds L. P(raecilius) Fortunatus

Hic ego qui taceo, versibus mea* vita* demonstro:
Lucem clara** fruitus et tempora summa
Praecilius Cirtensi lare argentariam exibui artem.
Fydes in me mira fuit semper et veritas omnis.
Omnibus communis ego cui non misertus? ubique,
Risus, luxuria*** semper fruitus cun caris amicis.
Talem post obitum dominae Valeriae non inveni pudicae
Uitam; cum potui, gratam habui cun coniuge sanctam.
Natales honeste meos centum celebravi felices,
At venit postrema dies, ut spiritus inania mempra reliquat.
Titulos quos legis, vivus mee morti paravi,
Ut voluit Fortuna; nunquam me deseruit ipsa.
Sequimini tales, hic vos expecto, venitae.

Ich, der ich schweige, will hier mein Leben in Versen beleuchten:
Helle Tage genoß ich und Glück in reichlicher Fülle,
Praecilius, in Cirta zu Haus, betrieb ich Silberschmiedarbeit.
Seltene Treue bewies ich und war auch völlig verläßlich.
Zugänglich war ich für alle und stets, wen hab' ich verlassen?
Lachen und Schwelgerei war mein Ziel mit Freunden, mit lieben.
Nach Valerias Tod, der keuschen, fand ich das nicht mehr.

---

* meam vitam. ** claram. *** luxuriam.

Mit der Frau lebt' ich gut und rein, so lang mir's vergönntwar
Jenen Tag, der mich schuf, konnt' ich hundertmal feiern in
aber der Geist verließ am letzten Tage die Glieder. [Ehren,
Für meinen Tod verfaßt' ich noch lebend hier diese Grabschrift,
wie es Fortuna gewollt; sie hat mich niemals verraten.
Folgt mir, die gleich mir, hier steh' ich und warte, so kommt
Constantine-Cirta (Numidien). CE 512. 3.Jh. Hex. [nun!

192.

Aus der Grabschrift des Bildhauers Novius Blesamus

Hic olim statuis urbem decoravit et orbem:
nomen habet populus, corporis hic tumul(us).

Einst hat er Stadt und Reich geschmückt mit trefflicher Plastik:
weit ist sein Name bekannt, eng liegt im Grabe sein Leib.

Rom. CE 1254. Dist.

193.

Grab des M. Rapilius Serapio

Oculos reposuit statuis, qua ad vixit bene.

Den Statuen gab er Augen, solange sein Leben währte, das er anständig führte.

Rom, jetzt Florenz. CE 208. Iamb.

194.

M. Lucilio M. l(iberto) Diocli, tibicin(i) artific(i) organ(orum).

Dem Marcus Lucilius Diocles, des Marcus Freigelassenen, dem Flötenspieler und Orgelvirtuosen.

Benevent. DE 7716.

195.

Grab der 25jährigen Orgelspielerin Sabina

Clausa iacet lapidi coniunx pia, cara Sabina.
Artibus edocta superabat sola maritum.
Vox ei grata fuit, pulsabat pollice cordas.

Set cito rapta silet, ter denos duxerat annos,
heu male quinque minus, set plus tres meses habebat,
bis septemque dies vixit. Hec ipsa superstes
spectata in populo hydraula grata regebat.

Hier liegt unter dem Stein die gute, liebe Sabina.
In den Künsten geschult übertraf nur sie ihren Gatten.
Wohllaut war ihre Stimme, sie schlug mit dem Daumen die Seiten.
Nun aber schweigt sie im Tod nach dreißigjährigem Leben,
Weh', fünf zähl' ich zuviel, doch kommen dazu noch drei Monde,
vierzehn Tage noch mehr. Sie selbst, so lange sie lebte,
hoch geachtet im Volk gar lieblich spielte die Orgel.

Budapest-Aquincum. CE 489. 2. Jh. n. Chr. Hex.

196.

D. M. Q. Candidi Benigni fab(ri) tign(arii) corp(oris) Ar(elatensis).

Ars cui summa fuit fabricae, studium, doctrin(a) pudorque,
quem magni artifices semper dixsere magistrum.
Doctior hoc nemo fuit, potuit quem vincere nemo,
organa qui nosset facere aquarum aut ducere cursum.
Hoc conviva fuit dulcis, nosset qui pascere amicos,
ingenio, studio docilis animoque benignus.

Den Manen des Q. Candidus Benignus, des Zimmermanns von der Körperschaft in Arles.

Kenntnis besaß er und Fleiß, Geschick und Anstand im Handwerk,
„Meister" nannten ihn stets gewichtige Kenner der Arbeit.
Niemand war so geschickt wie er, den niemand erreichte,
der auf Orgelbau sich verstand und das Regeln des Wassers.
Selbst ein guter Gesell, vermocht' er die Freunde zu fesseln;
Fleiß und Talent verband dein gütiges Wesen, Benignus.

Arles-Arelate. CE 483. Hex.

c. DIENST AM KAISERHOF, IN STAAT UND GEMEINDE, IM PRIVATHAUS

Im Palast auf dem Palatin lebte der Kaiser mit seinem Hofstaat, durch eine Kohorte Leibwache bewacht. Ein sehr großes Personal, Sklaven und Freigelassene, stand ihm und der kaiserlichen Familie zur Verfügung. Jede Dienstleistung und jede Hantierung wurde von einem besonderen Sklaven verrichtet. Manchem wurde auch im höheren Hofdienst, im Rechnungsamt, in der Kanzlei, im Bittschriftenamt eine einflußreiche Stellung anvertraut. Der Kaiser repräsentierte den Staat. In seiner Hand liefen alle Gewalten zusammen in politischer, militärischer und religiöser Beziehung. Er genoß göttliche Verehrung. Der Senat bestimmte schon zu seinen Lebzeiten Gebete und Gelübde für sein Wohl und ließ ihm in einem Tempel durch eine Priesterschaft Opfer darbringen. Bei allen offiziellen Akten war der Kaiser von den höchsten Beamten umgeben.

Die Beamten wurden in Finanz- und Verwaltungsbehörden in Rom oder in den Provinzen verwendet. Hatte sich ein Mann vom Ädilen bis zum Konsul aufgeschwungen oder sonstige Verdienste erworben, so wurde ihm durch Senatsbeschluß der Begräbnisplatz von Staats wegen geschenkt. Auch durch die Stadträte, decuriones, wurde mancher, der sich um die Gemeinde verdient gemacht, durch Ehrungen ausgezeichnet. Und wenn sich ein bescheidener Feldarbeiter bis zum Stadtrat emporarbeitete, freut sich noch heute der Leser seiner Grabschrift.

Der alte Römer bestellte selbst das Feld, doch es standen ihm später Scharen von Sklaven zur Verfügung, die für den Herrn und seinen Reichtum arbeiteten. Der wohlhabende Städter hatte sein Privathaus, gewöhnlich eine Luxusvilla, in Rom, umgeben von einer zahlreichen Dienerschaft, der städtischen Sklavenfamilie, der familia urbana. Jeder vornehme Römer hatte auch auf dem Lande einen ausgedehnten Besitz, seinen Gutshof. Hier besorgte die familia rustica die Geschäfte ihres Herrn. Viehzucht und Ackerwirtschaft, in großem Maßstab betrieben, sollten gute Erträge bringen. Dem Getreidebau wurden der einträglichere Weinbau, Obstbau, Ölbau und Gemüsezucht vorgezogen. Auch Wildgehege, Fischteiche, Kalkbrennereien und Ziegeleien warfen reichlichen Gewinn ab, besonders wenn ein tüchtiger Gutsverwalter oder eine verständige Wirtschaftsführerin, die auch dem Sklavenstand angehörten, an der Spitze des Gutshofes standen. Der silentiarius mußte mit einem Rohrstock für Ordnung unter den Sklaven sorgen. In einem ernsteren Fall mußte ein Übeltäter gefesselt im ergastulum büßen.

197.

Paetinus Ti. Claud(ii) Caisar(is) Aug(usti) corp(oris) cust(os) dec(uria) Pagati nat(ione) Bata(v)us vix(it) ann(os) XX.

Paetinus, Leibwächter des Kaisers Tiberius Claudius, aus der Dekurie (Reiterschwadron) des Pagatus, aus dem Stamme der Bataver, lebte 20 Jahre.

Rom. DE 1725.

198.

D. M. Flavi Stephani paedagog(i) pueror(um) imp(eratoris) Titi Caesaris.

Den Manen des Flavius Stephanus, des Hofmeisters beim Kaiser Titus.

Rom. CIL VI 8971.

199.

M. Ulpius Aug(usti) l(ibertus) Hierax praepositus auri potori Caesaris n(ostri) fecit.

Der kaiserliche Freigelassene Marcus Ulpius Hierax, Aufseher über das goldene Trinkgeschirr unseres Kaisers, ließ das Grab errichten.

Rom. DE 1812.

200.

Genio Coeti Herodian(i) praegustator(is) divii Augusti; idem postea vilicus in hortis Salustianis decesit non (is) Augustis M Cocceio Nerva C. Vibio Rufino co(n)s(ulibus).

Dem Genius des Coetus Herodianus, Vorkosters des göttlichen Augustus; derselbe später Oberaufseher in den Gärten des Salust, starb am 5. August unter dem Konsulat des Marcus Cocceius Nerva und des Gaius Vibius Rufus.

Rom. DE 1795. Jahr 43.

201.

C. P]etronius C(ai) f(ilius) Fal(erna) Varia speculator Caesari[s].

Gaius Petronius Varia, des Gaius Sohn, aus der Falernischen Tribus, Kundschafter des Kaisers.

Rom. DE 2014.

202.

Ti. Claudio Ianuario Gratiano nomenclat(ori) Aug(usti).

Dem Tiberius Claudius Januarius Gratianus, Nomenclator des Kaisers.

Rom. DE 1689.

203.

Philippus Cae(saris) Aug(usti) invitator.

Philippus, kaiserlicher Einlader.

Rom. CIL VI 3975.

204.

M. Aurelio Aug(usti) lib(erto) Tertio a libellis adiutori Fabia Hegema con(iux) b(ene) m(erenti) f(ecit).

Dem wohlverdienten Marcus Aurelius Tertius, kaiserlichen Freigelassenen, dem Hilfsbeamten an der Bittschriftenannahmestelle, ließ die Gattin Fabia Hegema den Stein setzen.

Rom. CIL VI 8615.

205.

Alexio Caesaris Aug(usti) ab bybliothece.

Alexio, kaiserlicher Bibliothekar.

Rom. CIL VI 8743.

206.

Rusticus pedisequ(u)s.

Rustikus, Lakai.

Rom. CIL VI 9771.

207.

Rufa pedisequa hic sita est.

Rufa, die Zofe, liegt hier begraben.

Rom. CIL VI 9781.

208.

Syneros Ti. Caesaris ad imagines.

Syneros, des Kaisers Tiberius Sklave für die Ahnenbilder.

Rom. CIL VI 3972.

209.

M. Liviu[s] Augusta[e libertus] Aphrodis[ius] a sacrario.

Marcus Livius Aphrodisius, Freigelassener der Augusta, Sklave für den Hausaltar.

Rom. CIL VI 4027.

210.

Ulpio Tyrann[o] Aug(usti) lib(erto) a mappis vixit annis XXXIII.

Dem kaiserlichen Freigelassenen Ulpius Tyrannus, Tischzeugverwahrer, er lebte 33 Jahre.

Rom. CIL VI 8891.

211.

Eros Cornufi(cianus) Caesaris Aug(usti) cocus.

Eros Cornuficianus, Hofkoch.

Rom. CIL VI 8753.

212.

Asmenus Neronis Caesaris a cyato.

Asmenus, des Kaisers Nero Mundschenk.

Rom. CIL VI 8816.

213.

Ti. Claudio Aug(usti) lib(erto) Tigrano ex corpore lecticariorum Caesaris vixit annis LXXXV.

Dem kaiserlichen Freigelassenen Tiberius Claudius Tigranus aus der Körperschaft der kaiserlichen Sänftenträger, er lebte 85 Jahre.

Rom. CIL VI 8872.

214.

Chrestus lictor Caesaris.

Chrestus, Lictor des Kaisers.

Rom. DE 1903a.

214 a.

Dis Manibus, Ti. Claudius divi Claudi lib(ertus) [Di]pterus vestificus Caesar(is) a veste scaenica.

Den Manen. Tiberius Claudius Dipterus, des göttlichen Claudius Freigelassener, Schneider seiner Majestät für den Besuch des Theaters.

Rom. DE 1765.

215.

M. Ulpius Aug(usti) lib(ertus) Euphrosynus a veste venatoria.

Marcus Ulpius Euphrosynus, kaiserlicher Freigelassener, Aufseher über die Jagdgewandung.

Rom. DE 1762.

216.

Anteros Ti. Caesaris cistarius a veste foren(si) vixit ann(is) XXV.

Anteros, des Kaisers Tiberius Garderobier für Anzüge zum Ausgehen, er lebte 25 Jahre.

Rom. DE 1757.

217.

Alcimus Neronis Caesaris Aug(usti) servos a veste castrensi, vixit ann(is) XXX. Claudia Docile fecit sibi et contubernali suo.

Alcimus, des Kaisers Nero Sklave, Aufseher über die militärische Kleidung, lebte 30 Jahre. Claudia Docile setzte sich und ihrem Gefährten den Grabstein.

Palestrina-Praeneste. DE 1760.

218.

Cl(audio) Felici eunuco Act(es) lib(erto) v(ixit) a(nnis) L.

Dem Claudius Felix, Freigelassenen der Acte, Eunuch, er lebte 50 Jahre.

Rom. DE 7409.

219.

Ein namenloser Hofnarr

... Caesaris lusor mutus argutus imitator Ti(beri) Caesaris Augusti, qui primum invenit causidicos imitari.

... Des Kaisers stummer, witziger Spaßmacher, des Kaisers Tiberius Nachäffer, der es zuerst aufbrachte, die Advokaten nachzumachen.

Rom. DE 5225.

220.

Antonia Restituta Q. Iulio Eutycho medic(o) domus Augustan(a)e con(iugi) b(ene) m(erenti) f(ecit).

Antonia Restituta ließ dem kaiserlichen Leibarzt Quintus Julius Eutychus, ihrem wohlverdienten Gatten, das Grab setzen.

Rom. CIL VI 8647.

221.

Grab eines kaiserlichen Läufers, den der Tod eingeholt

Tollere mors vitam potuit, post fata superstes
fama viget. Periit corpus, sed nomen in ore est.
Vivit, laudatur legitur celebratur amatur
nuntius Augusti velox pede cursor ut aura,
cui Latiae gentis nomen patriaeque Sabinus.

O crudele nefas, tulit hic sine crimine mortem,
damnatus periit deceptus fraude latronum.
Nil, scelus, egisti: fama est quae nescit obire.

Zwar das Leben nahm ihm der Tod, doch sein Ruf nach dem Unglück
dauert. Der Körper zerfiel, den Namen kennt aber jeder.
Ja, er lebt, man rühmt, man liest, man feiert, man liebt ihn,
Bote des Kaisers, sein Fuß war dem Wind, dem schnellen, gewachsen,
Latium gab ihm den Namen, nach Samnium führte die Herkunft.
Grausames Unglück — er litt den Tod ohne jedes Verbrechen,
wie ein Schuldiger fiel er, erlag der Tücke der Räuber.
Nichts hast du, Schandtat, erreicht: sein Ruf, er kann nicht verschwinden.

Trier-Augusta Treverorum. CE 618. 4. Jh. n. Chr.
Verschollen. Hex.

222.

Grab des kaiserlichen Postkuriers Vitalis

Dum sum Vitalis et vivo, ego feci sepulcrhum
adque meos versus, dum transseo, perlego et ipse.
Diploma circavi totam regione pedestrem
et canibus prendi lepores et denique vulpes.
Postea potiones calicis perduxi libenter,
multa iuventutis feci, quia sum moriturus.
Quisque sapis iuvenis, vivo tibi pone sepulchrum.

Als noch Vitalis ich war und lebte, setzt' ich mein Grabmal
und beim Hinübergang durchles' ich, was ich gedichtet.
Rings Depeschen ich bracht', die ganze Gegend durchwandernd,
und mit Hunden erlegt' ich Hasen und schließlich auch Füchse.
Dann aber setzte ich fort die Trinkgelage nicht ungern,
Jugendstreiche vollbrachte ich viel, da ich nun einmal sterblich.
Junger Mann, bist du klug, so schaff noch im Leben das Grab [dir!

Carthago. CE 484. 2. Jh. Hex.

223.

Primus, Caes(aris) n(ostri) servus, exerchitator cursorum...

Primus, Sklave unseres Kaisers, Lehrmeister der Schnellläufer...

Carthago. DE 1714.

224.

Cornelius Lucius Scipio Barbatus
Gnaiuod* patre prognatus, fortis vir sapiensque,
quoius forma virtutei parisuma fuit,
consol censor aidilis quei fuit apud vos,
Taurasia Cisauna Samnio cepit,
subigit omne Loucana(m) opsidesque abdoucit.

Cornelius Lucius Scipio Barbatus,
ein Sohn des Gnaevos, ein Mann so klug wie tapfer,
des Angesicht entsprach doch durchaus seiner Mannheit,
der unter euch war Konsul, Censor und Ädile.
Er nahm Taurasia, Cisauna im Gebiet von Samnium,
besiegte ganz Lukanien, führte fort auch Geiseln.

Rom, Scipionengrab, jetzt Vatikan. CE 7. DE 1.
3. Jh. v. Chr. Saturnier.

* Gnaeuo.

225.

C. Poplicio L. f. Bibulo aed(ili) pl(ebeio) honoris virtutisque caussa senatus consulto populique iussu locus monumento, quo ipse postereique eius inferrentur, publice datus est.

Dem Gaius Poplicius Bibulus, dem Sohn des Lucius, dem plebeischen Ädilen, wurde ehrenhalber und wegen seiner Tüchtigkeit nach Senatsbeschluß und auf Geheiß des Volkes der Platz für das Grab, in dem er selbst und seine Nachkommen beigesetzt werden sollen, von Staats wegen geschenkt.

Rom. DE 862. 1. Jh. v. Chr.

226.

L. Titius L(uci) f(ilius) Vot(uria) veteranus leg(ionis) VIII Aug(ustae) stipendiorum XXV mensor frumenti v(ivus) f(ecit) sibi et Titiae Fuscae...

Lucius Titius, Sohn des Lucius, aus der Voturischen Tribus, Veteran der 8. Legion Augusta, hat als Getreidemesser zu Lebzeiten für sich und Titia Fusca das Grab errichtet...

Rom. DE 2423.

227.

Q. Fulvio Chareti argentar(io) coactor(i) de portu vinario superiori, patrono optimo et indulgentissim(o) Doctus et Festus lib(erti).

Dem Quintus Fulvius Chares, Bankier und Steuereinnehmer vom Oberen Weinhafen, ihrem guten und nachsichtigen Patron die Freigelassenen Doctus und Festus.

Civita Castellano-Falerii. DE 7504.

228.

D(is) M(anibus). Collegius aquariorum Sex(to) Peduceo Faceto, sodales pos(uerunt).

Den Manen. Das Kollegium der Wasserleitungsbeamten dem Sextus Peduceus Facetus. Die Kameraden setzten das Grabmal.

Venosa-Venusia. CIL IX 460.

229.

Dis Manibus Mocciae C(ai) f(iliae) Silvinae centonari Ugernenses ob merita.

Den Manen der Moccia Silvina, des Gaius Tochter, die Deckenschneider von Ugernum wegen ihrer Verdienste.

Beaucaire (Südfrankreich)-Ugernum. CIL XII 2824.

230.

P. Pomponio P. l(iberto) Philadespoto [l]ibr(ario), qui testamenta scripsit annos XXV sine iuris consult(o).

Dem Publius Pomponius Philadespotus, des Publius Freigelassenen, dem Schriftkundigen, der 25 Jahre Testamente abfaßte ohne Hilfe eines Juristen.

Venafro-Venafrum. DE 7750.

230 a.

Dis Man(ibus) L. Caecili Optati med(ici) col[oniae,

Den Manen des Lucius Caecilius Optatus, Stadtarzt.

Nîmes – Nemausus. CIL XII 3342.

231.

M. Val(erius) M(arci) f(ilius) Longinu[s] med(icus) leg(ionis) VII Cl(audiae) ornat(us) ornament(is) decu(rionalibus) a splendid(issimo) ordin(e) m(unicipii)...

Marcus Valerius Longinus, des Marcus Sohn, Arzt der 7. Legion Claudia, ausgezeichnet durch den Dekurionenrang vom hochwohllöblichen Gemeindekollegium...

Turn Severin-Drobeta. DE 7150a.

232.

D(is) M(anibus) C. Valeri Petroniani causidici... quinq(uies) gratuito legation(ibus) urbic(is) et peregrin(is) pro rep(ublica) sua funct(i).

Den Manen des Anwalts Gaius Valerius Petronianus..., der fünfmal in Amtsangelegenheiten Einheimische und Fremde zum Wohle seiner Gemeinde unentgeltlich vertrat.

Mailand-Mediolanum. DE 6732.

233.

Hic iacet Helpidius fatis extinctus iniquis
egregius iuvenis, causarum orator honestus.

Hier liegt Helpidius, getilgt durch grausames Schicksal,
junger Mann von Gehalt und angesehen als Anwalt.

Rom. CE 425. Hdschr. überl. Hex.

234.

D(is) M(anibus). L. Mettius Otacilianus causas egit annis XXXVIII...

Den Manen. Lucius Mettius Otacilianus führte 38 Jahre Prozesse...

Rom. DE 7745.

235.

Grab eines freigelassenen Gemeindesklaven

P. Public(ius) Ursio v(ivus) s(ibi) f(ecit) et coniugi kariss(imae) Voltiliae Saturniae. Dum saltus publicos curo, decidi hoc in privato agello.

Publius Publicius Ursio hat zu Lebzeiten sich und seiner lieben Gattin Voltilia Saturnia das Grab gesetzt. Während ich als Aufseher der öffentlichen Ländereien tätig war, fiel ich in dies schlichte Äckerlein.

Triest-Tergeste. DE 6682.

236.

Grab eines Unbekannten, der es vom Feldarbeiter zum Stadtrat brachte

... Pau[p]ere progenitus lare sum parvoque parente,
cuius nec census neque domus fuerat.
Ex quo sum genitus, ruri mea vixi colendo:
nec ruri pausa nec mihi semper erat.

Et cum maturas segetes produxerat annus,
demessor calami tunc ego primus eram.
Falcifera cum turma virum processerat arvis,
seu Cirtae* Nomados** seu Jovis** arva** petens,
demessor cunctos ante ibam primus in arvis
pos tergus linquens densa meum gremia.
Bis senas messes rabido sub sole totondi
ductor et ex opere postea factus eram.
Undecim et turmas messorum duximus annis
et Numidae campos nostra manus secuit
Hic labor et vita parvo cont(ent)a valere
et dominum fecere domus, et villa paratast
et nullis opibus indiget ipsa domus.
Et nostra vita fructus percepit honorum,
inter conscriptos scribtus et ipse fui.
Ordinis in templo delectus ab ordine sedi
et de rusticulo censor et ipse fui.
Et genui et vidi iuvenes carosque nepotes.
Vitae pro meritis claros transegimus annos,
quos nullo lingua crimine laedit atrox.
Discite mortales sine crimine degere vitam:
sic meruit, vixit qui sine fraude, mori.

Stammend aus armem Haus, ein kleiner Mann nur mein Vater,
der kein Vermögen erwarb und auch kein Häuschen besaß.
Seit auf der Welt ich bin, verdient' als Bauer mein Brot ich:
Ruhe gab's nicht für das Feld, niemals gab's Ruhe für mich.
Immer, sooft das Jahr die reifen Saaten gespendet,
war ich der Erste stets, der auch geschnitten den Halm.
Hatte der Schnitter Schar den Weg zum Acker genommen,
war nun Cirta das Ziel, war's der numidische Zeus,
ging ich den andern voran und stand zuerst auf dem Felde;
eng geschlossen mir folgt' hinter dem Rücken der Trupp.

---

* in Numidien. ** Getreidefelder in Gegenden, wo Jupiter Numidicus (= Nomas) verehrt wurde.

Unter der Sonne Brand schnitt ich die Ernten, ein Dutzend,
und auf Grund meines Tuns ward ich zum Führer gemacht.
Und wir führten die Schar der Feldarbeiter elf Jahre
und vom numidischen Feld schnitt das Getreid unsre Hand.
Diese Fleiß, der Verzicht auf Genuß, sie schafften mir Mittel,
machten zum Hausherrn mich, es ward ein Landhaus erworben
und das Haus, es bequemt jeglichem Wunsche sich an.
Unser Leben ließ auch die Frucht der Ehre uns reifen,
in der Bewerber Schar stand da geschrieben ich selbst.
Und vom Stadtrat gewählt bin ich im Stadtrat gesessen,
Bauernbub, der ich war, ward ich nun Censor, ich selbst.
Und ich hab' Söhne gezeugt und hab' auch Enkel gesehen.
Unsern Verdiensten gemäß erlebten wir glänzende Jahre,
Schuld zu finden darin, war keine Zunge so frech.
Lernt, ihr Sterblichen, einst ohne Schuld das Leben verbringen:
Solchen Tod hat verdient, wer ohne Frevel gelebt.

Mactaris (Nordafrika), jetzt Paris. CE 1238. 3. Jh. Dakt.

237.

Grab des Auktionators A. Granius Stabilio

Rogat ut resistas, hospes, te hic tacitus lapis,
dum ostendit quod mandavit, quoius umbram te[git.
Pudentis hominis frugi cum magna fide,
praeconis Oli Grani sunt ossa heic sita.
Tantum est. Hoc voluit nescius ne esses. Vale.

Das stille Grab hier bittet, Fremder, dich: Mach' halt!
Es zeigt, was der will, dessen Schatten es verbirgt.
Gebein nur — er war ehrlich, rechtlich, pflichtgetreu —
hier liegt es: Auktionator Aulus Granius.
Nicht mehr! Dies war sein Wunsch, daß dir es kund. Lebwohl!

Rom, jetzt in Rokeby-Hall (England). CE 53. 2. Jh. v. Chr. Iamb.

238.

Zethus ostiarius hic situs est.

Pförtner Zethus liegt hier.

Rom. CIL VI 9738.

239.

Eros Asini atriensis.

Eros, Sklave des Asinus, Hausaufseher.

Rom. DE 7437.

240.

Iucundus Tauri lecticarius. Quandius vixit, vir fuit et se et alios vindicavi, quandius vixit, honeste vixit.

Jucundus, Sklave des Taurus, Sänftenträger. Solang er lebte, war er ein Mann, er stellte Anforderungen an sich und die andern, solang er lebte, lebte er ehrbar.

Rom. DE 7408 d.

241.

M. Hordionius Philargurus Labeo lanternarius Flaviai C(ai) l(ibertae) Philuminai uxori et suis.

Marcus Hordionius Philargyrus Labeo, Laternenträger, seiner Gattin Flavia Philumena, des Gaius Freigelassenen, und den Seinen.

Capua. DE 7643.

242.

Chrestus disp(ensator) Norbanorum Flacci et Balbi.

Chrestus, Rechnungsführer des Norbanus Flaccus und Norbanus Balbus.

Rom. DE 7381.

243.

Antiloco pincernae, q(ui) v(ixit) a(nnos) XXX.

Dem Antilochus, Getränkemischer, der 30 Jahre lebte.

Rom. CIL VI 9798.

244.

Ossa hic sita Achillis cell(arii).

Hier liegen die Gebeine des Achilles, des Kellermeisters.

Rom. CIL VI 9243.

245.

C. Iulius Aug(usti) lib(ertus) altiliar(ius).

Gaius Julius, kaiserlicher Freigelassener, Geflügelmäster.

Rom. CIL VI 4230.

246.

Eros caprari(us) Antoni ser(vus).

Eros, Ziegenhirt, Sklave des Antonius.

Rom. CIL VI 33379.

247.

P. Sergius P(ubli) l(ibertus) Anteros holitor.

Publius Sergius Anteros, des Publius Freigelassener, Gemüsegärtner.

Rom. CIL VI 9459.

248.

Laturnia Ianuaria calcaria, vix(it) ann(is) XXXXV.

Laturnia Januaria, Kalkbrennerin, sie lebte 45 Jahre.

Pompeji. DE 7663.

249.

P. Anicius P(ubli) l(ibertus) Eros tegularius.

Publius Anicius Eros, Freigelassener des Publius, Dachziegelarbeiter.

Volturno-Volturnum, jetzt Neapel. DE 7662.

250.

Q. Calmaeus Princeps piscator.

Quintus Calmaeus Princeps Fischer.

Rom. CIL VI 9799b.

251.

Statilia Calliste sorcinatr(ix).

Statilia Calliste Flickerin.

Rom. CIL VI 9883.

252.

Iucundae Pexsae v(ixit) a(nnis) XIV vestiplica Iucundus pater, Phyllis mater, Chrone soro[r] p(osuerunt).

Der Jucunda Pexsa — sie lebte 14 Jahre — der Büglerin ließen den Stein setzen Vater Jucundus, Mutter Phyllis, Schwester Chrone.

Castelvecchio-Superaequum. DE 7430.

253.

Auge Sura quasillari(a).

Auge Sura, Spinnerin.

Rom. CIL VI 6340.

254.

P. Aelius Aug(usti) lib(ertus) Telesphor(us) silentiarius fecit sibi et Aeliae Fortunatae...

Publius Aelius Telesphorus, kaiserlicher Freigelassener, Ruhegebieter, machte für sich und Aelia Fortunata das Grab...

Rom. CIL VI 9041.

255.

Casius ergastular(ius).

Casius, Aufseher des Hausgefängnisses.

Neapel. CIL X 8173.

256.

Hippocrati Plauti vilic(o) familia rust(ica), quibus imperavit modeste.

Dem Hippocrates, des Plautus Gutsverwalter, das Gesinde des Landgutes, dem er ein milder Vorgesetzter war.

Chieti-Teate Marrucinorum. DE 7367.

257.

T. Alfeno Attico sev(iro) Aug(ustali), colono f(undi) Tironiani, quem coluit ann(os) n(umero) L. T. Alfenus Secundus patron(o) b(ene) m(erenti) p(osuit).

Dem Titus Alfenus Atticus, sevir Augustalis, dem Pächter des Tironianischen Landguts, das er 50 Jahre bewirtschaftete. Titus Alfenus Secundus errichtete das Grab seinem wohlverdienten Patron.

S. Benedetto-Pescina. DE 7455.

258.

D(is) M(anibus) Iuliano marito optimo de se ben(e) m(erenti) Onomaste coniux fecit, vix(it) ann(os) XL d(ies) VII, actori et agricolae optimo.

Den Manen. Ihrem wohlverdienten besten Gatten Julianus ließ die Gattin Onomaste das Grabmal setzen — er lebte 40 Jahre, 7 Tage — dem Verwalter und ausgezeichneten Landwirt.

Velletri-Velitrae. DE 7451.

259.

Sabiniano vilico et homini bono et [f]idelissimo Memmia Iuliana domina.

Dem Gutsverwalter Sabinianus, dem rechtschaffenen und durchaus zuverlässigen Menschen, Memmia Juliane, die Herrin.

Rom. DE 7370.

260.

Ein zufriedener Landwirt

Agresti vita felix fuit.

In ländlicher Lebensweise war er glücklich.

Venafro-Venafrum. CIL X 4923. M. A.

d. HEILKUNDE

Wenn im alten Griechenland die Priester mit der Tempelmedizin die Kranken unter Beihilfe des Heilgottes Asklepios wiederherstellten, so kann man doch neben der religiösen Medizin bald eine Verquickung mit der wissenschaftlichen feststellen. Bei dieser entwickelten sich allmählich verschiedene Richtungen. Die Empiriker stützten sich auf die Erfahrungen, welche sie bei scharfer Beobachtung der Krankheit machten. Den Dogmatikern war daran gelegen, die gewonnenen Kenntnisse philosophisch zu durchdringen und in ein System zu bringen. Es gab auch Ärzte, welche die Heilkunde mit der Astrologie in Verbindung brachten. Die Lehren der griechischen Medizin mit ihrem großen Vertreter Hippokrates wurden nach Rom durch zugewanderte Griechen übertragen. Da die als Sklaven nach Rom gekommenen Ärzte in der Hauptstadt ihren Beruf ausübten, standen sie gesellschaftlich nicht hoch. Seit Caesar besserte sich die Lage der Ärzte, indem ihnen dieser Mann das Bürgerrecht verlieh. Kaiser Augustus erklärte sie für steuerfrei. Seit der Kaiserzeit gab es in Italien Spezialärzte, Chirurgen, Augen- und Ohrenärzte, Zahnärzte. Der große griechische Arzt Galen aus Pergamon ließ sich im 2. Jahrhundert selbst in Rom nieder. Er verband dort mit der Praxis auch wissenschaftliche Vorlesungen, in denen er die Erkenntnisse der griechischen Medizin den römischen Ärztekreisen bekannt machte und zur Weiterverbreitung empfahl. So wurden die Kranken des ganzen Abendlandes jahrhundertelang nach Galens Methoden behandelt.

Auch von den römischen Ärzten hatten viele einen guten Ruf. Cornelius Celsus schrieb unter Tiberius (14—37) sogar „Acht Bücher über die Heilkunde", welche die gesamte damalige Medizin zum Gegenstand hatten. Aber kein römischer Arzt war wissenschaftlich schöpferisch. Es gab bei den Römern auch behördliche Ärzte, die mit festem Gehalt angestellt waren. So hatte in Gemeinden der Stadtarzt einen bevorzugten Posten. Wegen seiner Verdienste um die Allgemeinheit genoß er manche Auszeichnung, er konnte in den Stadtrat gewählt werden, zum Senator aufrücken oder sonst in ein politisches Kollegium eingereiht werden. Solcher Art geehrte Ärzte und auch Privatärzte, die hohe Honorare bezogen, verwendeten oft genug ihre reichen Einkünfte zum Wohle der Stadt durch großherzige Spenden.

Das dem Arzt entgegengebrachte Vertrauen war ein Heilfaktor ersten Ranges. Trotzdem konnten natürlich ärztliche Mißerfolge nicht ausbleiben. Auch mancher Arzt stand hilflos seinem eigenen Leiden gegenüber. Die Ärztinnen, die es schon frühzeitig gab, übten wohl meist die Hebammenkunst aus.

261.

D. M. S(acrum) P. Aelio Proculo medico rarissimo, patri karissimo P. Ael(ius) Sitifensis.

Den Manen geweiht. Dem Publius Aelius Proculus, einem ganz seltenen Arzt, dem liebsten Vater P. Aelius aus der Gemeinde Setif.

Setif-Sitifis (Numidien). CIL VIII 8498.

262.

Peregrinio Heliodoro consummate peritiae medico et mirae pietatis iuveni Cominia Faustina mater infelicissima f(aciendum) c(uravit).

Dem Peregrinus Heliodorus, dem Arzt von vollendetem Wissen, dem jungen Mann von rührender Anhänglichkeit, ließ die unglückliche Mutter Cominia Faustina das Grabmal setzen.

Mainz-Moguntiacum. CIL XIII 7094.

263.

T. Aelius Aminias Aug(usti) lib(ertus) medicus auricularius fecit sibi et Aeliae Lexi coniugi...

Der kaiserliche Freigelassene Titus Aelius Amyntas, Ohrenarzt, errichtete das Grab für sich und seine Gattin Aelia Lexis...

Rom. DE 7810.

264.

M. Latinius M. l. medicus ocularius Hermes vixit annos XXXX.

Marcus Latinius Hermes, Freigelassener des Marcus, Augenarzt, lebte 40 Jahre.

Bologna-Bononia. DE 7807.

265.

L. Manneius Q. medic(us) veivos fecit, φύσει δὲ Μ[ε]νεκράτης Δημητρίου Τραλλιανὸς φυσικὸς οἰνοδότης ζῶν ἐποίησεν.
Maxsuma Sadria S(purii) f(ilia) bona proba frugei salve.

Der Arzt Lucius Manneius, des Quintus Sohn, ließ zu Lebzeiten das Grab machen, der leiblichen Abstammung nach Menekrates aus Tralles, des Demetrios Sohn, Arzt durch Weinkuren bekannt, machte es zu Lebzeiten.
Maxima Sadria, des Spurius Tochter, leb wohl, du Gute, Redliche, Brave!

Atena-Atina. DE 7791.

266.

D. M. T. Fl. Paederoti Aug(usti) l(iberto) Alcimiano superposito medicorum...

Den Todesgöttern. Dem kaiserlichen Freigelassenen Titus Flavius Paederos Alcimianus, Oberarzt...

Rom. DE 1845.

267.

Ti. Claudius Aug(usti) lib(ertus) Hymenaeus medicus a bybliothecis.

Der kaiserliche Freigelassene Tiberius Claudius Hymenaeus, Arzt der Bibliotheksangestellten.

Rom. DE 1846.

268

P. Aelius Agathemer(us) Aug(usti) lib(ertus) medicus rationis summi choragi fecit sibi et Aliae Iorte coniugi bene merenti.

Der kaiserliche Freigelassene P. Aelius Agathemerus, Arzt für das Theaterpersonal, errichtete für sich und seine wohlverdiente Gattin Aelia Heorte das Grab.

Rom. DE 1770.

269.

M. Iunio Dionysio medico de Lucilianis Titulena Iusta coniugi b(ene) m(erenti) et sibi.

Dem Marcus Junius Dionysius, Arzt auf den Gütern des Lucilius, Titulena Justa ihrem wohlverdienten Gemahl und für sich.

Rom. DE 7795.

270.

T. Aurelius Telesphorus scriba medicorum.

Titus Aurelius Telesphorus, Schriftführer bei der Ärztekammer.

Rom, jetzt Neapel. DE 7817.

271.

Aus einer Grabschrift

Irrita letiferos auxit medicina dolores
crevit et humana morbus ab arte meus.

Kur, die ergebnislos, vermehrte die tödlichen Schmerzen,
und durch die menschliche Kunst wuchs meine Krankheit

Rom. CE 902. DI 3480. Hdschr. überl. Dist. [noch an.

272.

Grab der Aurelia Deccia

Feminae rarissim[ae] ac pudicissimae, cuius mortem dolens per absentiam mei contigisse per culpam curantium conqueror, vix(it) an(nis) XXVIII m(ensibus) X dieb(us) XXIIII.

Einer ganz seltenen und höchst sittsamen Frau, deren Tod, verursacht während meiner Abwesenheit durch Nachlässigkeit der Ärzte, tiefbetrübt ich schwer beklage; sie lebte 28 Jahre, 10 Monate, 24 Tage.

Stuhlweißenburg-Atala. CIL III 3355.

273.

Aus der Grabschrift des Freigelassenen Euhelpistus

Anima innocentissima, quem medici secarunt et occiderunt.

Unschuldige Seele; ihn haben die Ärzte operiert und umgebracht.

Rom. DE 9441.

274.

Fla(vius) Maximinus scutarius sinator levavi statu filio meo Octemo, vicxit annos V dies XV precisus a medico. (H)ic pos(i)tus est ad martures.

Flavius Maximinus, Schildmacher, Senator. Ich habe das Denkmal meinem Sohne Octemus aufgestellt; er lebte 5 Jahre, 15 Tage und starb unter dem Messer des Arztes. Da liegt er nun unter den Martyrern.

Nicomedia (Bithynien). CIL III 14188. DI 2180.

275.

Deae sanctae meae Primillae medicae, L. Vibi Melitonis f(iliae); vixit annis XXXXIIII, ex eis cum L. Cocceio Apthoro XXX sine querella...

Meiner göttlich verehrten Gattin Primilla, der Ärztin, des Lucius Vibius Melito Tochter; sie lebte 44 Jahre, darunter mit Lucius Cocceius Apthorus 30 Jahre ohne Klage...

Rom. DE 7804.

276.

Iuliae Saturninae ann(orum) XXXXV uxori incomparabili medicae optimae...

Der Julia Saturnina, 45 Jahre alt, der unvergleichlichen Gattin und besten Ärztin...

Merida (Spanien)-Emerita. DE 7802.

277.

D. M. Valeriae Berecundae iatromeae regionis suae primae, q(uae) v(ixit) ann(os) XXXIIII m(enses) VIIII d(ies) XXVIII...

Den Manen der Valeria Verecunda, ärztlich geschulten Hebamme, der Ersten in ihrem Bezirk; sie lebte 34 Jahre, 9 Monate, 28 Tage...

Rom. DE 7806.

278.

Iulia Pieris obstetrix
hic iacet nulli gravis.
Hebamm' Julia Pieris,
jeder hilfreich; sie liegt hier.

Trier-Augusta Treverorum. CE 226. Trochäischer Dimeter.

279.

Grab der Iulia Preimigeneia

Μαῖα πολλὰς σώσασα γυναῖκας οὐκ ἔφυγον Μοίρας.

Frau'n als Hebamm' rettet' ich viel, doch der Moira erlag ich.

Rom. Notizie degli Scavi 1908, p. 269. Vgl. dagegen GV 1940. 2./3. Jh. Hex.

280.

Helpis Liviae ad valetudinar(ium).

Elpis, Sklavin der Livia, Krankenwärterin.

Rom. CIL VI 9084.

281.

Secundus M. Benni ser(vus) veterinarius h(ic) s(itus) e(st).

Secundus, Sklave des Marcus Bennus, Veterinärarzt, liegt hier.

Carthago. DE 7816.

282.

Secundinus mulomedicus fecit sibi domum eterna(m).

Secundinus, Maultierarzt, hat sich eine ewige Behausung geschaffen.

Rom. DE 7814.

283.

Grab des L.Statius Scrateius, Chefarztes von Benevent

Hic primus ob honorem Cerial(itatis)* tesseris sparsis, in quibus aurum et argentum, aes, vestem lentiam ceteraque populo divisit.

Er ist der erste gewesen, der wegen seiner Ernennung zum Aufsichtsbeamten über den Getreidemarkt durch ausgestreute Marken Gold, Silber, Kupfergeld, Leinenwäsche und sonstiges unter das Volk verteilte.

Benevent. DE 6496.

* Ceres Göttin des Getreidebaus.

284.

P. Decimius P. l. Eros Merula medicus clinicus, chirurgus, ocularius, sevir. Hic pro libertate dedit HS* quinquaginta milia.

* 1 Sesterz = IIS (2 1/2 As, 2 + S [semi] As), später HS geschrieben, ca. 20 Pf. Zur Umrechnung in Mark wird die HS-Summe gewöhnlich mit 5 dividiert, z.B. 1000 HS = 200 Mark.

Hic pro seviratu in rempublicam dedit HS duo milia. Hic in statuas ponendas in aedem Herculis dedit HS triginta milia. Hic in vias sternendas in publicum dedit HS triginta septem milia. Hic pridie quam mortuus est, reliquit patrimoni HS quingenta milia.

Publius Decimius Eros Merula, Freigelassener des Publius, Kliniker, Chirurg, Augenarzt, im Kollegium der „Sechs". Er gab für seine Freilassung 50000 Sesterze. Er bezahlte für seine Wahl zum Sevir an die Gemeindekasse 2000 Sesterze. Er stiftete zur Aufstellung von Statuen im Herkulestempel 30000 Sesterze. Er gab für die Straßenpflasterung in die Staatskasse 37000 Sesterze. Er hinterließ bei seinem Tode 500000 Sesterze.

Assisi-Asisium. DE 7812.

285.

Grab des L. Sabinus Primigenius

Ortus ab Iguvio medicus fora multa secutus
arte feror nota, nobiliore fide.
Arzt aus Gubbio, der Städte viele besucht' ich,
hoch mich stellt meine Kunst, höher der Kranken Vertraun.

Gubbio-Iguvium. CE 1252. Dist.

286.

Nomine Felicem me olim dixere parentes,
vita dicata mihi hic ars medicina fuit.
Aegros multorum potui relevare dolores
morbum non potui vincere ab arte meum.

Felix, den Glücklichen, nannten mit Namen einst mich die Eltern,
als mein Lebensberuf ward mir die Heilkunst bestimmt.
Vieler Kranken Schmerz vermocht' ich wohl zu verringern,
mich zu heilen, das blieb all meinem Können versagt.

Lyon-Lugdunum. Engström: Carmina Latina epigraphica no. 357. DI 612. Hdschr. überl. Dist.

287.

Marcellus hic quiescit
medica nobilis arte,
annis qui fere vixit
triginta et duobus,
sed cum cuncta parasset
edendo placiturus,
tertium muneris ante
valida febre crematus
diem defunctus obiit.

Es ruhet hier Marcellus,
groß durch ärztlich Können;
sein Leben hat gedauert
zweiunddreißig Jahre,
doch als er gerüstet alles,
um durch ein Spiel zu erfreuen,
starb vor dem dritten Tag er,
Opfer schweren Fiebers,
nachdem die Zeit erfüllt war.

Sufetula (prov. Byzacene) Nordafrika. CE 1521. 2. Jh. n. Chr. Wechsel zwischen Iamben und Choriamben.

288.

Grab des Arztes Dionysius

Hic levita iacet Dionysius artis honestae
functus et officio quod medicina dedit.
Huius docta manus famae dulcedine capta
dispexit pretii sordida lucra sequi.
Saepe salutis opus pietatis munere iuvit,
dum refovet tenues dextera larga viros.
Obtulit aegrotis venientibus omnia gratis,
inplevit factis quod docuit monitis.
Laudibus aetheriis famulatus mente fideli
destitit inlicitis actibus esse reus.

Amissis opibus robur non perdidit ullum,
quo patiens praedae tempore, dives erat.
Ars veneranda fidem, fidei decus extulit artem:
haec studii titulos, altera mentis habet.
Civibus ac sociis qualis fuit, inde probatur,
quem potuit victor hostis amare suus.
Postquam Romana captus discessit ab urbe,
mox sibi iam dominus subdidit arte Getas*.
Hosce suis manibus vitam committere fecit,
quorum mortiferos pertulit ante metus.

Hier Dionysius liegt, Levit, geschätzten Berufes,
auch versah er den Dienst, den man vom Arzte verlangt.
Seine geschickte Hand, gelockt durch die Reize des Ruhmes,
lehnte den Lohn aber ab, der nicht ganz sauber und klar.
Und den Erfolg seiner Kunst ergänzte oft eine Spende
und seine gütige Hand fühlte manch ärmlicher Mann.
Jedem Kranken, der kam, gewährte Hilfe umsonst er,
was er als Lehre gab, setzte er um in die Tat.
Göttlichem Worte getreu vermied sein zartes Gewissen
jegliche Tat, die das Herz lockt und als Sünde doch gilt.
Büßte er Geld auch ein, das Selbstvertrauen verblieb ihm,
blieb der Gewinn einmal aus, fühlte er dennoch sich reich.
Selbstgefühl wurde durch Kunst und Kunst durch Selbstgefühl wieder:
diese beweist, wie gelehrt, jenes, wie sicher er war.
Wie zu Bürgern er stand, zu Schutzgenossen, das zeigt sich,
daß der siegreiche Feind selber sein Herz ihm erschloß.
Als er, im Kriege gefangen, verlassen die römische Hauptstadt,
wurde beim Getenvolk* bald, durch die Kunst er zum Herrn.
Brachte er doch sie dahin, ihr Leben dem zu vertrauen,
deren tödliche Furcht früher sein Dasein bedroht.

Rom. CE 1414. DI 1233. Hdschr. überl. Dist.

---

* Die Geten, ein thrakischer Volksstamm, führten längere Zeit hindurch Kämpfe mit den Römern.

e. SCHULWISSEN

Ein dem Sklavenstand angehöriger Lehrer unterrichtete zu Hause oder in einer Privatschule die römischen Knaben im Lesen, Schreiben und Rechnen; er wurde ludi magister genannt, war gesellschaftlich wenig geachtet und wurde gering bezahlt. Besondere Fachlehrer waren der Rechenlehrer, der Lehrer für Stenographie, für Schönschrift und Musik.

Neben den Elementarschulen hatte man auch eine höhere Schule. Ein Lehrer, zumeist ein Grieche, grammaticus, erteilte gegen Bezahlung sprachlichen, literaturgeschichtlichen und philosophischen Unterricht. Die Mathematik des Pythagoras und Euklid wurde von gelehrten Sklaven vorgetragen, wobei auch das Rechenbrett in Anwendung kam.

Schließlich wurde dem rhetorischen Unterricht eine große Bedeutung zugemessen, da Gewandtheit in den Reden für jeden Staatsbürger als unerläßlich galt. Auch juristische Studien wurden in Rechtsschulen getrieben. Kaiser Hadrian (117—138) hatte in Athen, später auch in Rom, von Staats wegen Lehrstühle für Rhetorik und Philosophie errichtet und den festangestellten Lehrern ein Gehalt angewiesen. Die Söhne wohlhabender Römer besuchten auch auswärts die Schulen berühmter Lehrer. Ebenso lockte Rom selbst fremde Studenten an.

289.

Hic requiexsit Melleus magister ludi, amicus amicorum qui vixit annus XXX. Depositus tumulo die V. Ids Iulias.

Hier ruht Melleus, Schullehrer, seinen Freunden ein treuer Freund, welcher 30 Jahre lebte. Im Grabhügel beigesetzt am 11. Juli.

Civitavecchia-Centum Cellae. DI 718.

290.

Grab des schriftkundigen Schulmeisters Fusius Philocalus

Summa quom castitate in discipulos suos,
idemque testamenta scripsit cum fide,
nec quoiquam [per]negavit, laesit neminem.
Ita [de]cucurrit vitam fidus sine metu.

Den Schülern gegenüber war er rücksichtsvoll,
und zuverlässig schrieb er auch manch Testament,
verletzte niemand, stand zu Diensten jedermann.
Sein treues Wesen hielt auch jede Furcht ihm fern.

Capua, jetzt Neapel. CE 91. Ca. 150 n. Chr. Iamb.

291.

D(is) M(anibus) Melioris calculatoris. Singula autem quae sciebat volumin[e] potius quam titulo scribi potuerunt; nam commentarios artis suae quos reliq(u)it primus fecit et solus posset imitari, si eum iniq(u)a fata rebus humanis non invidissent.

Den Manen des Melior, Rechenlehrers. Die Einzelheiten, die er wußte, hätten besser in einem Buch als in einer Grabschrift dargestellt werden können; denn die von ihm hinterlassenen Erläuterungen zu seiner Kunst hat er zuerst geschrieben und nur er hätte Gleiches schaffen können, hätte ihn nicht ein ungünstiges Los in seinen Lebensschicksalen getroffen.

Ostia, jetzt Rom. DE 7755.

292.

Hapateni notariae Grece, que vix(it) ann(is) XXV. Pittosus fecit coniugi dulcissime.

Der Hapatenis, griechischen Stenographin, welche 25 Jahre lebte. Pittosus setzte den Stein seiner liebsten Gattin.

Rom. DE 7760.

293.

Aus der Grabschrift des jugendlichen Stenographen Xanthia

... Hoc carmen, haec ara, hic cinis
pueri sepulchrum est Xanthiae,
qui morte acerba raptus est,
iam doctus in compendia
tot literarum et nominum
notare currenti stilo,
quot lingua currens diceret.
Iam nemo superaret legens,
iam voce erili coeperat
ad omne dictatum volans
aurem vocari ad proximam.
Heu morte propera concidit,
arcana qui solus sui
sciturus domini fuit.

... Dies Lied, die Asche, der Altar
das Grab des Knaben Xanthia sind,
durch bittern Tod dahingerafft,
in Kurzschrift war er sehr gewandt,
er konnt' notieren Laut und Wort,
mit schnellem Griffel kam er nach,
soviel die schnelle Zunge sprach.
Noch schneller las da keiner mehr,
gar bald, fast mit der Stimm' des Herrn,
was er diktierte, Wort für Wort,
im Flug kam's zu des Nächsten Ohr.
Ein rascher Tod hat ihn gefällt,
der ganz allein nur wissen sollt'
Geheimnisse von seinem Herrn.

Köln-Colonia Agrippinae. CE 219. Verschollen. Iamb.

294.

C. Iulio Cosco odariario. Peducaea Festa olla(m) emit de suo.

Dem Gaius Julius Coscus, Gesanglehrer. Peducaea Festa hat den Aschenkrug aus eigenen Mitteln gekauft.

Rom. DE 5230.

295.

D(is) M(anibus). L. Me[m]mio Prob[o] Cluniensi grammatico Latino, cui res(publica) Tritiensium an(nos) haben(ti) XXV salar(ium) constitu[it].

Den Manen. Dem Lucius Memmius Probus aus Clunia, dem lateinischen Grammatiker, dem die Gemeinde Tricio im Alter von 25 Jahren ein Gehalt aussetzte.

Tricio (Spanien)-Tritium. CIL II 2892.

296.

Aemilius Epictetus sive Hedonius, grammaticus Graecus, Primaniae [I]anuariae con(iugi) sanctissimae defunctae et sibi vivus fecit.

Aemilius Epictetus, auch Hedonius genannt, Lehrer des Griechischen, ließ seiner verehrungswürdigen verstorbenen Gattin Primania Januaria und für sich zu Lebzeiten das Grab errichten.

Trier-Augusta Treverorum. DE 7768.

297.

Artis grammatices doctor morumque magister
Blaesianus Biturix, Musarum semper amator,
hic iacet aeterno devinctus membra sopore.

Meister in der grammatischen Kunst und Lehrer der Ethik
Blaesianus Biturix, ein steter Verehrer der Musen,
hier ist sein Grab, seine Glieder gehüllt in ewigen Schlummer.

Limoges (Frankreich)-Augustoritum. CE 481. 2. Jh. Hex.

298.

Dalmatio filio dulcissimo, totius ingeniositatis ac sapientiae puero, quem plenis septem annis perfrui patri infelici non licuit, qui studens litteras Graecas non monstratas sibi Latinas adripuit et in triduo ereptus est rebus humanis ...

Dem Dalmatius, dem heißgeliebten Sohn, einem Knaben von höchster Begabung und Weisheit, dessen sich zu freuen dem unglücklichen Vater nicht volle sieben Jahre gegönnt war, der beim Studium des griechischen Schrifttums auch das ihm gar nicht vorgewiesene lateinische meisterte und innerhalb dreier Tage der Erdenwelt entrissen wurde ...

Rom. DI 742.

299.

Aus der Grabschrift des 17jährigen P. Caledius Rufus

Ingenio non humili, quot gratus aput magistros fui, qui dixi, scribsi, pincsi bene; puer doctrinae aeque dedidi menten.

Von nicht geringem Verstand, wodurch ich bei meinen Lehrern beliebt war, ich, der gut redete, schrieb, malte; noch ein Knabe widmete ich gleichermaßen meinen Geist der Wissenschaft.

Prov. Byzacene (Nordafrika). DE 7759.

300.

Hic requiescit in pace Placidia, inlustris puella instructa litteris, qui vixit ann(is) X octo et mens(ibus) XI ...

Hier ruht Placidia, ein vorzügliches Mädchen, wissenschaftlich gebildet, welches 18 Jahre, 11 Monate lebte ...

Verona. DI 223.

301.

Euphrosyne pia, docta novem Musis, philosopha v(ixit) a(nnis) XX.

Die pflichtgetreue Euphrosyne, mit allen neun Musen vertraut, Philosophin, lebte 20 Jahre.

Rom. DE 7783.

302.

C. Tutilio Hostiliano philosopho stoico domo Cortona patri optimo C. Tutilius Iustus filius, Tutilia Quinta, Tutilia Quarta filiae.

Ihrem besten Vater Gaius Tutilius Hostilianus, dem stoischen Philosophen, gebürtig von Cortona, der Sohn Gaius Tutilius Justus, die Töchter Tutilia Quinta und Tutilia Quarta.

Rom. DE 7779.

303.

Aus der Grabschrift des gelehrten Sklaven Petronius Antigenides

Dogmata Pythagorae sensi studiumque sophorum
et libros legi, legi pia carmina Homeri
sive quot Euclides abaco praescripta tulisset.
Delicias habui pariter lususque procaces.

Des Pythagoras Lehren, das Wissen der Weisen erkannt' ich,
las ihre Bücher und las Homers erhabene Dichtung
oder die Sätze, die Euklid auf dem Rechenbrett aufschrieb.
Ebenso fand ich dabei Genuß und verwegene Reize.

Pesaro-Pisaurum. CE 434. Hex.

304.

M. Damatius Urbanus summarum artium liberalium, literarum studiis utriusq(ue) linguae perfecte eruditus, optima facundia proeditus, v(ixit) a(nnis) XXII d(iebus) VII.

Marcus Damatius Urbanus, in den höchsten Stufen der freien Künste, in der Literatur der beiden Sprachen vollkommen ausgebildet, von glänzender Rednergabe, 22 Jahre, 7 Tage alt.

Setif-Sitifis (Numidien). DE 7761.

305.

Grab eines Unbekannten

[Grav]is declamator, facilis extemporalitate, di[a]logorum et epistolarum e[t] edyliorum conscriptor, quae ex[ta]nt.

Gewichtiger Redekünstler, gewandter Stegreifredner, Verfasser von Dialogen, Briefen und Hirtengedichten, die noch vorhanden sind.

Thibilis (Numidien). CIL VIII 18864.

306.

Fl. Magnus v(ir) c(larissimus) rhetor urbis aeternae, ... praeceptor fraudis ignarus et intra breve tempus universae patriciae soboli lectus magister eloquentiae, ita inimitabilis saeculo suo, ut tantum veterib(us) possit aequari. (Christusmonogramm).

Flavius Magnus, der hervorragende Mann, Rhetor in der ewigen Stadt, ... argloser Lehrer und innerhalb kurzer Zeit von dem gesamten patrizischen Nachwuchs auserlesen als Lehrer der Beredsamkeit, seiner Zeit so unnachahmlich, daß er nur den Alten gleichgestellt werden kann.

Rom. DI 102.

307.

Dis Manibus M(arci) Romani Iovini rhetoris eloquii Latini
Conditus hac Romanius est tellure Iovinus
docta loqui doctus quiqui loqui docuit.
Manibus infernis si vita est gloria vitae,
vivit et hic nobis ut Cato vel Cicero.

Den Manen des Marcus Romanius Jovinus, Lehrers der lateinischen Beredsamkeit.

Romanius liegt hier in diesem Hügel, Jovinus,
weise zu reden geschickt, hat auch das Reden gelehrt.
Liegt den Manen der Wert des Lebens eben im Leben,
lebt er als Cato auch hier oder als Cicero gar.

Rom. CE 1251. 3. Jh. Dist.

308.

Hic iacet Heraclius nimium dilectus amicus
eloquio primus, nulli probitate secundus.

Hier liegt Heraclius, geschätzt als Freund über alles,
Redner war er, dazu an Redlichkeit jedem gewachsen.

Rom. CE 753. DI 728. Hdschr. überl. Hex.

309.

Q. Caecilio Feroci ... studioso eloquentiae vixit annis XV mense I diebus XXIIII.

Dem Quintus Caecilius Ferox ..., Studiosus der Redekunst, er lebte 15 Jahre, 1 Monat, 24 Tage.

Rom. DE 4976.

310.

L. Baebius Barbarus studens Karthagini defunctus, v(ixit) a(nnos) XX m(enses) VII h(ic) s(itus) e(st).

L. Baebius Barbarus als Studierender in Karthago gestorben, 20 Jahre, 7 Monate alt, liegt hier.

Prov. Byzacene (Nordafrika). CIL XII 12152.

311.

D. M. L. Exomni Macrini, Rustici fili, hic Brigantione geniti annorum XVI in studis Valle* Poenina* vita functi reliquis eius [huc] delatis Nigria Marca mater fili[o car]issimo et sibi viva faciendum curavit.

Den Manen des L. Exomnius Macrinus, des Rusticus Sohn. Hier in Brigantio geboren, starb er 16 Jahre alt während seiner Studienzeit, in Valle Poenina. Seine Mutter Nigria Marca ließ seine Gebeine hierher überführen und dem heißgeliebten Sohn und sich zu Lebzeiten das Grab errichten.

Aime (Südfrankreich)-Axima. CIL XII 118.

---

* im Wallis.

312.

Grabschrift des Menophilos

Εὐφρανθεὶς συνεχῶς, γελάσας παίξας τε τρυφήσας,
καὶ ψυχὴν ἱλαρῶς πάντων τέρψας ἐν ἀοιδαῖς,
οὐδένα λυπήσας, οὐ λοίδορα ῥήματα πέμψας,
ἀλλὰ φίλος Μουσῶν, Βρομίου Παφίης τε βιώσας,
ἐξ Ἀσίης ἐλθὼν Ἰταλῇ χθονὶ ἐνθάδε κεῖμαι
ἐν φθιμένοις νέος ὢν τοὔνομα Μηνόφιλος.

Fröhlich und lachend stets und immer scherzend und schwelgend,
stets frohe Herzen ich schuf, durch Lieder alle erheiternd.
Keinen kränkte ich je, gab keine verletzenden Worte,
war aber Musenfreund, Verehrer von Bacchus und Venus.
Kam aus Asien her, lieg' nun in italischer Erde,
unter den Toten noch jung, Menophilos ich heiß'.

Rom. GV 721. 2. Jh. n. Chr. Dakt.

f. KRIEGSWESEN

Jeder römische Bürger galt als Soldat. Die Legionssoldaten dienten gewöhnlich 20 Jahre lang ununterbrochen beim Heer. Auf dem Grabstein ist häufig angegeben, wieviel Jahre der Soldat Kriegsdienste, stipendia, tat. Die Legion hatte im Höchstfall 6000 Mann; Legionskommandanten waren die Kriegstribunen, tribuni militum, 6 in jeder Legion. Die Kohorte umfaßte 600, der Manipel 200 und die Centurie 100 Mann. Die Centurien wurden von Unteroffizieren, centuriones, geführt, die auf Bildern am Weinrebenstock kenntlich sind. Die Disziplin war sehr streng. Verdiente Soldaten bekamen Auszeichnungen; Armringe und Halsketten waren sehr geschätzt, die auf Soldatenporträts getreulich nachgebildet sind. In gewissen Gegenden des Reiches ist der verstorbene Kriegsmann öfter in rundem Medaillon, das auf hohem Postament steht, im Brustbild dargestellt. Die römischen Legionen, von denen uns gegen 30 bekannt sind, wurden im ganzen Reich nach Bedarf verwendet und bekamen von den Kaisern für besondere Tapferkeit öfters ehrende Beinamen (pia, fidelis, victrix, adiutrix, Apollinaris). Neben den literarischen Quellen geben vor allem die Soldatengrabsteine Auskunft über den Standort der einzelnen Legionen, der ja häufig gewechselt wurde. Zu jeder Legion gehörten 300 Reiter, in 10 Schwadronen (alae, turmae) gegliedert. Minderbemittelte Bürger wurden als Freiwillige, voluntarii, ins Heer eingestellt. Sie hatten nach 20 Jahren ein Anrecht auf Versorgung mit einem kleinen Landgut. Die Veteranen waren altgediente, bewährte Soldaten, die man nach ihrer Dienstzeit wegen ihrer Erfahrung gern beim Heere zurückbehielt. Die tüchtigsten veterani wurden nach Beendigung ihrer normalen Militärzeit aufgerufen (evocati) und aufgefordert, gegen doppelten Sold weiterzudienen und zwar gewöhnlich in der cohors praetoria. Die Prätorianer bildeten die Garde der römischen Kaiser; sie hatten als Befehlshaber zwei Gardepräfekten aus dem Ritterstand, die manchmal ihre hohe Stellung in der Nähe des Kaisers mißbrauchten.

Die Hilfstruppen zu Fuß, auxilia, wurden von den Bundesgenossen gestellt und in den römischen Provinzen ausgehoben, so im Frankenland, in Belgien, im Land der Parther, in Mauretanien und beim germanischen Batavervolk. Sie wurden im ganzen Reich, wenn nötig, zum Einsatz gebracht und von römischen Offizieren, praefecti, in Cohorten befehligt. Die römische Flotte diente weniger kriegerischen Zwecken als der Seepolizei und der Sicherung der Getreidezufuhr.

313.

Zu griechischen Kriegerinschriften vgl.
JG V 1, 701 f., 918, 921 etc.

314.

In lakonischer Kürze abgefaßte Grabschrift

Εὐρυάδης 'Ολυμπιονίκας ἐμ πολέμωι.
Τάσκος ἐμ πο[λ]έμωι.

Euryades Olympiasieger im Kriege (gefallen).
Taskos im Kriege (gefallen).

Sparta. Syll.[3] 1224, IG V 1, 708.

315.

Kenotaph-Inschrift eines im Teutoburger Wald gefallenen Centurionen

M. Caelio, T(iti) f(ilio), Lem(onia) Bon(onia); c(enturio) leg(ionis) XIIX ann(orum) LIIIS* [ce]cidit bello Variano. Ossa [i]nferre licebit. P. Caelius T(iti) f(ilius) Lem(onia) frater fecit.

Dem Marcus Caelius, dem Sohne des Titus, aus der lemonischen Tribus, beheimatet in Bologna; er fiel als Centurio der 18. Legion mit 53 ½ Jahren im Feldzug des Varus. Beisetzung von Leichen gestattet. Sein Bruder Publius Caelius, des Titus Sohn, aus der lemonischen Tribus, hat das Grab errichtet.

Neben der Mittelfigur die Büsten seiner Freigelassenen: M. Caelius M(arci) l(ibertus) Privatus — M. Caelius M. l. Thiaminus.

Marcus Caelius Privatus, des Marcus Freigelassener — M. Caelius Thiaminus, des Marcus Freigelassener.

Xanten, jetzt Bonn. DE 2244.

---

* S = semi = 1/2.

316.

Iulius Vitalis, fabriciesis leg(ionis) XX V(aleriae) V(ictricis) stipendiorum IX anor(um) XXIX, natione Belga, ex colegio fabrice elatus hic situs est.

Julius Vitalis, Waffenschmied der 20. Legion Valeria Victrix, 9 Dienstjahre, 29 Jahre alt, nach Herkunft Belger, bestattet von der Genossenschaft der Waffenschmiede, liegt hier.

Bath (England)-Aquae Sulis. DE 2429.

317.

Ulpio Nepoti mil(iti) coh(ortis) VIII volunt(ariorum) bucin(atori) def(uncto) an(norum) XXX stip(endiorum) X.

Dem Ulpius Nepos, Soldaten der 8. Freiwilligenkohorte, Hornbläser, gestorben mit 30 Jahren, darunter 10 Dienstjahre.

Epetium (Dalmatien), jetzt Spalato. DE 2583.

318.

Flavius Calladinus veteranus militavit in fabrica sagittaria, vixi[t] annos LXXX p(lus) m(inus). Arcam sibi conparavi[t] de proprio.

Der Veteran Flavius Calladinus diente in der Pfeilfabrik, er lebte gegen 80 Jahre. Er schaffte sich den Sarg auf eigene Kosten an.

Concordia-Iulia Concordia. CIL V 8742.

319.

Horus, Pabeci filius, proreta Alexandrinus ex classe, ann(orum) LX.

Horus, Sohn des Pabek, Oberbootsmann aus Alexandria, in der (germanischen) Flotte, 60 Jahre alt.

Köln-Colonia Agrippina. DE 2827.

320.

L. Silicius Optatus vix(it) an(nis) L interceptus in itinere. Huic veterani morantes Simittu de suo fecerunt.

L. Silicius Optatus, 50 Jahre alt, auf dem Marsche abgefangen. Ihm haben die Veteranen bei ihrem Aufenthalt in Simittus aus eigenem Geld den Denkstein errichtet.

Simitthu (prov. proconsularis) Nordafrika. DE 2470.

321.

D. M. Attoni Constantis, vet(erani) leg(ionis) XXII Primigeniae Piae Fidelis, missus honesta missione, castris inter ceteros conveteranos suos revocitus, quique bello interfectus obiit.

Den Manen des Attonius Constans, Veteranen der 22. Legion Primigenia Pia Fidelis, mit ehrenvollem Abschied entlassen, ins Lager mit seinen andern Mitveteranen wieder einberufen, und der im Kriege gefallen dahinging.

Lyon-Lugdunum. DE 2312.

322.

Grab eines unbekannten Soldaten

Militi cohor(tis) VI pr(aetoriae) Ostienses locum sepult(urae) dederunt publicoque funere efferun(dum) decrerunt, quod in incendio restinguendo interit.

Dem Soldaten der 6. Prätorianerkohorte haben die Bürger von Ostia die Grabstätte gegeben und seine Bestattung auf öffentliche Kosten beschlossen, weil er beim Löschen eines Brandes umkam.

Ostia. DE 9494.

323.

Aggaeo hexarcho alae celerum*, viro sagittandi peritissimo, vi militum interemto Monna marito amantissimo.

Dem Aggäus, dem Vorsteher der Schwadron der Celeres, dem ausgezeichneten Bogenschützen, durch Gewalttat von Soldaten getötet, Monna ihrem heißgeliebten Gatten.

Klagenfurt-Virunum. DE 2528. Landesmuseum für Kärnten: Führer durch das Parkmuseum (Klagenfurt, 1952) S. 37f. (Lap. Nr. 53). 3. Jh.

* Celeres, eine hervorragende Reitertruppe.

324.

C(aius) Attius C(ai) f(ilius) Voturia Exoratus miles leg(ionis) XV Apo(llinaris) anno(rum) XXXXIV stipend(iorum) XXIIII h(ic) s(itus) e(st). M. Minicius et Sucesus l(iberti) posieruunt.

Caius Attius Exoratus, des Gaius Sohn, aus der Tribus Veturia, Soldat der 15. Legion Apollinaris, 44 Jahre alt mit 24 Jahren Heeresdienst liegt hier begraben. Marcus Minicius und Successus, seine Freigelassenen, errichteten ihm das Grab.

Bad Deutsch Altenburg-Carnuntum. 1. Jh.

325.

L. Nasidienus Agripp(a) tribun(us) leg(ionis) XIIII Gem(inae).

Lucius Nasidienus Agrippa, Tribun der 14. Gemina zubenannten Legion.

Köln, jetzt Paris. CIL XIII 8270. 1. Jh. v. Chr.

326.

C. Iul(ius) Mygdonius generi Parthus, natus ingenuus, capt(us) pubis aetate, dat(us) in terra(m) Romana(m). Qui dum factus cives R(omanus), iuvente fato colocavi arkam, dum esse(m) annor(um) L.

Gaius Julius Mygdonius, der Abstammung nach Parther, freigeboren, gefangengenommen in jugendlichem Alter, auf römischen Boden verpflanzt. Ich habe, dann zum römischen Bürger gemacht, auf Geheiß des Schicksals, 50 Jahre alt, mir den Sarg besorgt.

Ravenna. DE 1980.

327.

Grab des batavischen Soldaten Soranus

Ille ego Pannoniis quondam notissimus oris,
inter mille viros primus fortisque Batavos,
Adriano potui qui iudice vasta profundi
aequora Danuvii cunctis transnare sub armis
emissumque arcu, dum pendet in aëre, telum
ac redit, ex alia fixi fregique sagitta.
Quem neque Romanus potuit nec barbarus umquam
non iaculo miles, non arcu vincere Parthus.
Hic situs hoc memori saxo mea facta sacravi.
Viderit anne aliquis post me mea gesta sequatur:
exemplo mihi sum, primus qui talia gessi.

Einstens war ich berühmt, Pannonien hab' ich durchzogen,
Bataver waren's, tapfre, ich selbst unter ihnen der Erste.
Hadrian Richter war, die Donaufluten durchschwamm ich,
tief und breit, den andern voran, beschwert durch den Harnisch,

einen vom Bogen entsandten Pfeil, noch schwebt in der Luft er,
mit einem zweiten Pfeil im Fallen ich traf und zerbrach ihn.
Mich übertraf kein Soldat, kein Römer und auch kein Fremder,
mit dem Wurfspieß nicht, und auch mit dem Bogen kein Parther.
Hier auf dem Stein, der sie kennt, hab' ich meine Taten verewigt.
Sehen wir, ob noch wer nach mir meine Taten erreiche:
Vorbild bin ich mir selbst, dem dies als Erstem gelungen.

Ungarn. CE 427. Hdschr. überl. 2. Jh. Hex.

328.

Francus ego cives, Romanus miles in armis
egregia virtute tuli bello mea dextera semper.

Fränkischer Bürger bin ich, in Waffen Soldat bei den Römern,
Waffen trug ich in herrlichem Kampf mit der Rechten zeitlebens.

Budapest-Aquincum. CE 620. 5. Jh. Hex.

329.

Grab des Soldaten L. Comagius Firmus, von der Mutter errichtet

Parcae te miseris rapuere parent(ibus) urna
spectantes animo tuae gloriae cursum.
Fletus in perpetuo miserae reliq(uisti) dolore,
nec potuit corpus a sodalib(us) tradi sepulchro,
me decepisti nimium horfanam tu reliquist(i).

Dich entrissen durch Tod den armen Eltern die Parzen,
die im Geiste den Lauf deines rühmlichen Lebens verfolgten.
Weinen im ewigen Schmerz hast du den Armen gelassen
und es konnten den Leib Kameraden zum Grabe nicht tragen,
täuschtest mich, als allzu verwaist hast mich du verlassen.

Mailand-Mediolanum. CE 537. 3. Jh. n. Chr. Verschollen. Hex.

330.

Natus sum summa in pauperie, merui post classicus miles
ad latus Augusti annos septemque decemque,
nullo odio sine offensa, missus quoq(ue) honeste.

Arm war ich von Geburt, dann diente ich bei der Marine,
siebzehn Jahre davon in nächster Nähe des Kaisers.
Musterhaft, niemals gehaßt, in allen Ehren entlassen.

Aquileja. CE 372. 1. Jh. n. Chr. Hdschr. überl. Hex.

331.

Der Soldat Flavius Januarius
errichtet seiner Frau das Grab

Hoc dico legentibus et lacrimis prosequor verba:
coniuncti amantis semper se bene dicere debent,
quia nihil erit dulcius quam prima iuventus.

Das sag' ich jedem, der's liest, und Tränen folgen den Worten:
Liebende, vereint, sie müssen immer sich preisen,
weil's nicht Süßeres gibt als Tage frühester Jugend.

Wels-Ovilava. CE 1992. DI 1336. 4. Jh. Hex.

g. ÖFFENTLICHE SPIELE

Die *Gladiatorenspiele* waren aus den Menschenopfern hervorgegangen, die man in alter Zeit vornehmen Leuten am Grabe brachte, um die Götter durch blutige Opfer milde zu stimmen. Später wurden Gladiatorenspiele, munera, unabhängig von einer Begräbnisfeier gegeben und zwar von Ädilen, Konsuln und Kaisern, auch von reichen Privatleuten. In großen Städten und in den Provinzen wurden diese Schauspiele an Festtagen vorgeführt; zum Tode Verurteilte und freiwillig Angeworbene mußten die Schaulust der Zuschauer befriedigen, indem sie im Amphitheater gegeneinander kämpften und sich vor den Augen des Volkes töteten.

Der Gladiatorenvermieter, lanista, unterhielt eine Gladiatorengruppe, die er einübte und den Ädilen, auch privaten Spielgebern, munerarii, für die Kämpfe lieferte. In der Gladiatorenschule wurden die Kämpfer in verschiedenen Waffen geübt, die Thrazier kämpften mit Rundschild und Dolch, die Samniten mit großem viereckigem Schild und Schwert. Die schwergerüsteten Myrmillonen, die als Helmzier einen Fisch, murma, trugen, mußten ihre Kunst gegenüber den Netzkämpfern, retiarii, zeigen, die mit Dreizack und Netz ausgerüstet waren, das dem Gegner überzuwerfen war. Die retiarii fochten auch gegen die leichter bewaffneten secutores, die den davonlaufenden Gegner verfolgten, wenn diesem der Netzwurf mißlungen war. Aber es traten auch Gladiatoren mit gleichen Waffen im Zweikampf einander gegenüber, die schwerbewaffneten hoplomachi.

Auch Kämpfe gegen wilde Tiere auf Leben und Tod wurden in der Arena durchgeführt. Die meisten Tierkämpfer, bestiarii oder venatores, fanden ein trauriges Ende. Da dem römischen Volk die nachmittägigen Vorführungen nicht genügten, wurden auch ludi matutini eingeführt, Spiele, die schon am frühen Morgen begannen. Die Aufregung der Zuschauer wurde noch gesteigert durch die kreischenden Klänge eines Orchesters mit Tubenbläsern und Flötenspielern; die Hörner einer hydraulischen Orgel verstärkten den Lärm.

Auf Grabschriften findet sich neben dem Namen des Gladiators öfters der Ausdruck „pugnarum“ mit Beigabe einer Zahl, aus der ersichtlich ist, daß der betreffende Fechter so und so oft gekämpft hat; liberatus XX bedeutet, daß einer in 20 Kämpfen glücklich davongekommen ist.

Es haben sich die Ruinen vieler Amphitheater bis heute erhalten. Außer dem riesigen Colosseum in Rom sei das in Thysdrus (El Djem) in Tunesien erwähnt, das an Größe dem römischen fast gleichkommt. Hervorzuheben sind ferner die Arenen in Südfrankreich, so in Lyon, Arles und Nîmes. Weiter sind solche nachzuweisen in Deutsch-Altenburg, in Syrakus, Capua, Ancona, Pozzuoli, Rimini und Pompeji. Hier ist sogar eine Gladiatorenkaserne noch deutlich zu erkennen.

332.

Charito custos de ampitheat(ro).

Charito, Aufseher im Amphitheater.

Rom. DE 5156.

333.

Cn. Maetius Felix lanista, Augustalis*.

Gnaeus Maetius Felix, Gladiatorenvermieter, Augustale.

Neapel. DE 5151.

* den Kaiserkult pflegender Priester.

334.

Gratus doctor murm(illonum) vixit annis XXVII.

Gratus, Lehrmeister der Myrmillonen, er lebte 27 Jahre.

Rom, jetzt Parma. CIL VI 10174.

335.

C. Cassius Gemellus doctor (h)oplomachor(um).

Gaius Cassius Gemellus, Lehrmeister der schwerbewaffneten Kämpfer.

Rom. DE 5099.

336.

Aus der Grabschrift des Gladiators Glaucus

Glauco ... Aurelia marito b(ene) m(erenti) et amatores huius. Planetam suum procurare vos moneo; in Nemese ne fidem habeatis; sic sum deceptus. Ave, vale.

Dem wohlverdienten Gatten Glaucus ... Aurelia und seine Verehrer. Daß jeder sich um seinen Planeten kümmere, das mahne ich euch; der Nemesis vertrauet nicht; so bin ich betrogen worden. Sei gegrüßt, lebwohl!

Verona. DE 5121.

337.

Eutychus Aug(usti) l(ibertus) Neronianus, medicus ludi matutini, fecit sibi et Irene lib(ertae) coniugi carissimae.

Eutychus Neronianus, kaiserlicher Freigelassener, Gladiatorenarzt bei den Frühspielen, errichtete das Grab für sich und seine liebe Gattin Irene, die Freigelassene.

Rom. DE 5152.

338.

Dis Manibus et misera mortae peregrae interc(e)pto Ruffio Ruffiano annorum XX bestiario p(er)erudito R(uf)fius Ruffinus.

Den Manen und dem durch einen jämmerlichen Tod in der Fremde dem Dasein entrissenen Rufius Rufianus, dem 20jährigen Tierkämpfer von höchster Sachkenntnis, errichtete Rufius Rufinus den Grabstein.

Ambarri (Südfrankreich)-Ambarria. CIL XIII 2548. 2. Jh.

339.

Coll(egium) venator(um) Deensium, qui ministerio arenario fungunt. L(ocus) d(atus) ex d(ecreto) s(enatus) V(ocontiorum)*.

Zunftbegräbnisstätte der Tierkämpfer von Dea Augusta, die im Amphitheater Dienste leisten. Der Platz wurde nach Beschluß des Senats der Vocontier zur Verfügung gestellt.

Die (Südfrankreich)-Dea Augusta. DE 5148.

* Völkerschaft in Gallia Narbonensis.

340.

Constantius munerarius gladiatoribus suis propter favorem muneris munus sepulcrum dedit, Decorato retiario, qui peremit Caeruleum et peremptus decidit; ambos extincxit rudis*, utrosque

* Stab zu Fechtübungen der Gladiatoren, Rappier.

protegit rogus. Decoratus secutor, pugnarum VIIII, Valerae uxsori dolore(m) primum reliquit.

Der Spielgeber Constantius hat seinen Gladiatoren wegen des Wertes ihrer Leistung zum Geschenk das Grab gestiftet, dem Netzkämpfer Decoratus, der den Caeruleus zur Strecke brachte, und selbst zur Strecke gebracht starb; beide brachte das Schwert um, beide deckt jetzt das Grab. Der Secutor Decoratus, der neunmal gekämpft hat, hat seiner Gattin Valeria den ersten Schmerz zugefügt.

Triest-Tergeste. CE 1851. DE 5123.

341.

D. M. Macedoni Thr(aeci), tiro(ni) Alexandrin(o) ben(e) mer(enti) fec(it) armatura Thraecum universa, vix(it) ann(is) XX men(sibus) VIII dieb(us) XII.

Den Todesgöttern. Dem Thrazier Macedo, dem Rekruten aus Alexandria, dem Wohlverdienten, errichtete die gesamte Waffenbruderschaft der Thrazier das Grab; er lebte 20 Jahre, 8 Monate, 12 Tage.

Rom. DE 5089.

342.

Amabili secutori nat(ione) Dacus pug(narum) XIII. Fato deceptus, non ab homine.

Dem Sekutor Amabilis, Dazier von Geburt; er hat dreizehnmal gekämpft. Des Schicksals Opfer, nicht von Menschenhand verletzt.

Epetium (Dalmatien), jetzt Spalato. DE 5111. M. A.

343.

Successus mor(i)e(n)s petiv[i] a Natalica et Discolio petivi in iuventute se* probocatu(m) iuventuti no(n) esse bictu(m) nesi a febre.

---

* statt me.

Ich Successus habe auf dem Sterbebett die Natalica gebeten und den Discolius aufgefordert zu bestätigen, daß ich seit meiner Jugend, herausgefordert, von keinem Gegner besiegt wurde außer vom Fieber.

Rom. CIL VI 36377. M. A.

344.

Zwiegespräch zwischen gefallenem Gladiator und Spielgeber

„Vici quidem, domine, victor cum palma relatus
semanimis iacui, medici male membra secarunt
corpori.“ — „Quod superest, tumulum tibi feci libenter;
non mihi mandast[i], sed vivos* saepe voleba[s.“

„Siegte ich auch, mein Herr, mit der Palme als Sieger gerufen
halbentseelt lag ich da, doch schlecht operierten die Ärzte
meinen Leib.“ — „Was noch blieb, ein Grabmal schenkte ich gern dir;
zwar du trugst mir's nicht auf, doch dein Wunsch war oft es im Leben.“

Rom, jetzt Neapel. CE 543. 2. Jh. n. Chr. Hex.

* = vivus.

345.

Grab des Gladiators Felix

Sic ego pro meritis [cap]io nomineque salutor
et sum post obitum Felix, cui cari sodales
hoc titulo fixerunt nomen aeternum.
Decasi*, valete et semper harena placete.
Das ist meines Verdienstes Lohn, man grüßt mich mit Namen,
und ich bin nach dem Tod noch Felix, dem liebe Genossen
mit dieser Grabschrift hier ein ewig Gedenken gesichert.
Decasier, lebt wohl, es behag' euch stets die Arena!

Ammaedara (Nordafrika). CE 572. Hex.

* seine Genossen.

Auch an den *zirzensischen Spielen* für Wagen- und Pferderennen fand der Römer Gefallen. Bei den Wagenrennen mußten die Rosselenker mit Zweigespann, bigae, oder mit Viergespann, quadriga, siebenmal um die Bahn fahren, wobei ein Zerschellen des zweiräderigen Wagens bei dem rasenden Lauf an der Meta, der Spitzsäule am Orte des Umlenkens, eine große Gefahr bedeutete. In der Regel starteten gleichzeitig vier Wagen, und dabei erstreckte sich das Hauptinteresse der Zuschauer auf die Parteinahme für die sogenannten Faktionen, welchen die Pferde und Wagenlenker gehörten. Wagen und Lenker trugen die Farben der betreffenden Gesellschaft und zwar weiß oder rot, grün oder blau. Die aufgeregten Zuschauer traten für den Wagenlenker ihrer Partei ein, wobei auch Wetten abgeschlossen wurden.

Der Circus Maximus in Rom ist fast völlig zerstört. Dagegen ist ein kleinerer im alten Bovillae am Fuße des Albanergebirges ausgegraben worden, ebenso an der Via Appia der Zirkus des Maxentius. In Konstantinopel stellt der Atmeidan (Roßplatz) den römischen Zirkus dar, den alten Hippodrom, in dem an Stelle der beiden Meten heute noch zwei antike Obelisken stehen.

346.

Beryllus esse(darius) lib(eratus) XX nat(ione) Graecus ann(orum) XXV. Nomas coniunx vir(o) b(ene) mer(enti).

Beryllus, Wagenkämpfer, in 20 Kämpfen glücklich durchgekommen, von Geburt Grieche, 25 Jahre alt. Die Gattin Nomas ihrem wohlverdienten Manne.

Nîmes-Nemausus. DE 5095.

347.

Aus der Ehreninschrift des Wagenlenkers Polynices

M. Aur(elius) Polynices* nat(ione) verna, qui vixit ann(is) XXIX mens(ibus) IX diebus V, qui vicit palmas n(umero) DCCXXXIX, sic:

in russeo n(umero) DCLV
in prasino LV
in veneto XII
in albo n(umero) XVII.

Marcus Aurelius Polynices, von Herkunft Sklave, der 29 Jahre, 9 Monate, 5 Tage lebte. Er errang im ganzen 739 Siege, wie folgt:

in der Roten Partei an Zahl 655
in der Grünen 55
in der Blauen 12
in der Weißen an Zahl 17.

Rom. DE 5286.

* griechischer Eigenname: der viele Siege davongetragen hat.

348.

Hyla medicus factionis Venetae...

Hyla, Arzt von der Blauen Partei...

Rom. DE 5310.

349.

Grab des Wagenlenkers Eutyches

Hoc rudis aurigae requiescunt ossa sepulchro
nec tamen ignari flectere lora manu,
iam qui quadriiugos auderem scandere currus
et tamen a biiugis non removerer equis.
Invidere meis annis crudelia fata,
fata, quibus nequeas opposuisse manus.
Nec mihi concessa est morituro gloria circi,
donaret lacrimas ne pia turba mihi.
Ussere ardentes intus mea viscera morbi,
vincere quos medicae non potuere manus.
Sparge, precor, flores supra mea busta viator:
favisti vivo forsitam ipse mihi.

Wagenlenker, noch jung; hier liegen meine Gebeine,
aber des Zügels Gebot folgte doch sicher die Hand,
und der den Mut ich besaß, ein Viergespann zu besteigen,
blieb ich dem Zweigespann dennoch bescheiden getreu.
Grausames Los, du warst nicht eben geneigt meiner Jugend,
Los, dem du ohne Erfolg strecktest entgegen die Faust.
Und der Rennbahn Triumph, dem Sterbenden blieb er verschlossen,
daß nicht die fromme Schar mir eine Träne geweiht.
Glühende Schmerzen verbrannten mir alle innern Organe
und keine heilende Hand konnte mich retten davor.
Wanderer, hör meine Bitt' und streue Blumen aufs Grab mir:
als ich noch lebte, vielleicht — hast du für mich schon geschwärmt.

Tarragona-Tarraco. CE 1279. Dist.

350.

Grab des Wagenlenkers Fuscus

Factionis Venetae Fusco sacravimus aram
de nostro certi studiosi et bene amantes,
ut scirent cuncti monimentum et pignus amoris.
Integra fama tibi, laudem cursus meruisti.
Certasti multis, nullum pauper timuisti,
invidiam passus semper fortis tacuisti.
Pulchre vixisti, fato mortalis obisti.
Quisquis homo es, quaeres talem. Subsiste viator,
perlege. Si memor es, si nosti quis fuerit vir —
Fortunam metuant omnes — dices tamen unum:
Fuscus habet titulos mortis, habet tumulum.
Contegit ossa lapis. Bene habet. Fortuna valebis.
Fudimus insonti lacrimas. Nunc vina*: precamur
ut iaceas placide. Nemo tui similis.

* als Opfergabe auf das Grab.

Von der Blauen Partei dem Fuscus wir setzten das Grabmal,
— eigenes Geld! — ergeben und treu und herzliche Freunde,
allen sei es bekannt, ein Denkmal, Zeugnis der Liebe.
Unbescholtenen Rufs verdientest du Ruhm in der Rennbahn.
Viele hast du bekämpft und — arm — doch keinen gefürchtet,
Neid erduldetest du, hast tapfer immer geschwiegen.
Schön hast du immer gelebt, dich traf der Sterblichen Schicksal.
Wer du auch seist, ihn suchst du umsonst. Bleib, Wanderer, stehen,
lies es! Und kennst ihn und weißt du, was für ein Mann er gewesen —
Fürchten das Menschenlos auch alle — einst wirst du doch sagen:
Fuscus im Grabe liegt, jetzt ihn der Hügel verhüllt.
Stein bedeckt sein Gebein. Ihm ist wohl. Nun Menschenlos, schweige!
Tränen zollten wir ihm, dem Reinen. Nun aber Wein her!
Mögest du ruhen hier sanft! Kommt ja doch keiner dir gleich.

Tarragona-Tarraco, jetzt Chevening (England). CE 500. Dakt.

351.

Grab des Wagenlenkers Florus

Florus ego hic iaceo quondam bigarius infans,
qui, cito dum cupio currus, cito decidi ad umbras.
Ianuarius alumno dulcissimo.

Florus, so lieg' ich hier, ein Bigalenker als Jüngling;
Fahren, das war mein Wunsch, doch schnell riß hinweg mich der Orkus.

Januarius seinem lieben Pflegekind.

Rom. CE 399. Hdschr. überl. Hex.

Endlich wurden *szenische Spiele* an bestimmten Tagen abgehalten. Das Theaterspiel ging aus dem Dionysoskult hervor. Vom altehrwürdigen Theater am Südabhang der Akropolis in Athen hat die Schauspielkunst ihren Ausgang genommen und wurde bald nach Rom übertragen. An der Spitze eines Theaters stand der Schauspieldirektor, der mit dem Schauspieltruppenvermieter enge Beziehung hatte. Es sind uns Grabsteine von Mimen und Protomimen bekannt, von Theaterspielern, die das Publikum in Tragödie und Komödie begeisterten. Im Anschluß an die Pantomimik entstand die Orchestermusik, bei der die Flöte das führende Instrument war. Auch Frauen spielten zum Chortanz Flöte. Von den Saiteninstrumenten waren die Lyra und die etwas größere Kithara in Verwendung. Mit diesen Instrumenten wurden auch Chorlieder und Sologesänge begleitet. Der Kitharöde sang sein Lied zur Kithara.

In Griechenland ist neben dem Dionysostheater in Athen das Theater in Epidaurus in seiner Halbkreisform vortrefflich erhalten. Das Marcellus- und Pompeiustheater in Rom sind aus den Überresten noch nachweisbar. Auch Syrakus, Taormina und Fiesole besitzen sehr gute auf uns gekommene antike Theater. In Pompeji ist das Große und Kleine Theater (= Odeon, Singhalle) zu sehen. Das Theater in Orange (Südfrankreich) und das in den Fels gehauene in Sagunt gehören zu den am besten erhaltenen Ruinen.

352.

Positus est hic Leburna magister mimariorum, qui vixit annos plus minus centum. Aliquotie(n)s mortuus sum, set sic nunquam. Opto vos ad superos bene [va]lerae.

Hier ist beigesetzt Leburna, Schauspieldirektor, der gegen hundert Jahre lebte. Mehr als einmal bin ich gestorben, so aber nie. Ich wünsche, daß es euch dort oben gut gehe.

Sissek (Jugoslawien)-Sixia, jetzt Pest. DE 5228.

353.

Q. Gavius Armonius loc(ator) scaenicorum vixit annis XXIIII m(ensibus) VI.

Quintus Gabius Armonius, Schauspieltruppenvermieter, lebte 24 Jahre, 6 Monate.

Rom. DE 5207.

354.

M. Iunius M(arci) l(ibertus) Maior archimimus, Apollinis parasit(us).

Marcus Julius Maior, des Marcus Freigelassener, erster Mimiker, Apolls Tischgenosse.

Palestrina-Praeneste. DE 5209a.

355.

Hellas pantomim(us) hic quiescit ann(is) XIIII.

Hellas, Pantomime, ruht hier, 14 Jahre alt.

Vienne (Südfrankreich)-Vienna. DE 5210a.

356.

D(is) m(anibus) pueri Septentrionis annor(um) XII, qui Antipoli in theatro biduo saltavit et placuit.

Den Manen des Knaben Septentrio, 12 Jahre alt, der in Antipolis im Theater 2 Tage tanzte und gefiel.

Antibes (Südfrankreich)-Antipolis. DE 5258.

357.

V(ivus) P. Lucilius C(ai) l(ibertus) Croesus protaules.

Publius Lucilius Croesus, Freigelassener des Gaius, erster Flötenbläser, schuf sich zu Lebzeiten das Grab.

Rom. DE 5237.

358.

Licinia M. Crassi lib(erta) Selene choraule.

Licinia Selene, des Marcus Crassus Freigelassene, Chorflötistin.

Rom. DE 5236.

359.

C. Asinius Nymphius citharoedus [vixit] an(nis) LXXVI.

Gaius Asinius Nymphius, Kitharöde, 76 Jahre alt.

Rom. DE 5242.

360.

Ti. Claudius Corinthus musicarius Paridis*, sibi et suis.

Tiberius Claudius Corinthus, des Paris Musikbegleiter, für sich und die Seinen.

Rom. DE 5252.

* Paris ein berühmter Schauspieler.

361.

Sociarum mimarum. In fr(onte) p(edes) XV, in agr(o) p(edes) XII.

Zunftbegräbnisstätte der Schauspielerinnen. In der Front 15 Fuß, in der Tiefe 12 Fuß.

Rom. DE 5217.

362.

Scaenici Asiaticiani et qui in eodem corpore sunt vivi sibi fecerunt.

Die Schauspieler des Asiaticus und die sonstigen Vereinsmitglieder errichteten sich bei Lebzeiten diese Grabstätte.

Vienne (Südfrankreich)-Vienna. DE 5205. 1.Jh.

363.

Aus der Grabschrift eines namenlosen dramatischen Schauspielers

Hic Phoebus fuit, hic superbus Euhan*.
Plaude istis, populare volgus, umbris,
si sum dignus adhuc favor[e] vestro.

Phöbus spielt' er hier und stolz auch den Bacchus.
Applaudier ihnen, Volk, bin ich auch Schatten,
wenn ich heute noch würdig eurer Gunst bin.

Pozzuoli-Puteoli. CE 1510. Hendekasyllabi (Elfsilbler).

* Euhan = Gott Bacchus, personifiziert nach dem Jubelruf der Bacchantinnen.

364.

Grab der achtjährigen Tänzerin Dionysia

Hic iacet exiguis Dionysia flebilis annis,
extremum tenui quae pede rupit iter,
cuius in octava lascivia surgere messe*
coeperat et dulces fingere nequitias.
Quodsi longa tuae mansissent tempora vitae,
doctior in terris nulla puella foret.

Hier Dionysia liegt, ganz jung an Jahren, ein Jammer,
die ihren letzten Weg ging mit gewandtestem Fuß,
deren Temperament schon im achten Jahre sich zeigte,
reizende Schelmerei fand ihr beweglicher Geist.
Wenn deine Lebenszeit noch länger wäre gewesen,
so gewandt wie nur du wäre kein Mädchen der Welt.

Rom. CE 1166. Hdschr. überl. Dist.

* messis Ernte = Jahr.

365.

Aus der Grabschrift der Mimin Eucharis

Docta, erodita paene Musarum manu,
quae modo nobilium ludos decoravi choro
et Graeca in scaena prima populo apparui.

Gelehrt und hochgebildet fast von Musenhand,
ganz vornehm schmückt' ich jedes Spiel mit Chören aus,
auf griechischer Bühne spielt' ich erste Rollen nur.

Rom. CE 55. 1./2. Jh. Iamb.

366.

Protogenes Cloul(i) suavei* heicei** situst mimus,
plouruma que*** fecit populo soueis**** gaudia nuges*****.

Protogens' Grab, des Mimen, des lustigen Sklaven des Clulus,
der mit viel scherzhaftem Wort dem Volk viel Freude gemacht hat.

Amatrice-Amiternum. CE 361. 2. Jh. v. Chr. Hex.

---

* = suavis. ** hic. *** qui. **** suis. ***** nugis.

367.

M. Annaeus M(arci) f(ilius) Esq(uilina) Longinus maccus vixit dulcissime cum suis ad supremam diem.

Marcus Annaeus Longinus, des Marcus Sohn, aus der Esquilinischen Tribus, „lustige Person". Er lebte im besten Einvernehmen mit den Seinen bis zu seinem Todestag.

Rom. DE 5219.

368.

Aemiliae Irene, quae vixit ann(is) XXVI diebus XIIII, Aurelius Eutyches stupidus greg(is) urb(ani) coniugi karissima.

Der Aemilia Irene, die 26 Jahre, 14 Tage lebte, Aurelius Eutyches, Spaßmacher der städtischen Schauspielertruppe, seiner lieben Gattin.

Rimini-Ariminum. DE 5224.

369.

Libela scenicus viarum v(ixit) a(nnis) L, h(ic) s(itus).

Libella, Straßenkomödiant, lebte 50 Jahre; er liegt hier.

Constantine-Cirta (Numidien). DE 5223.

h. HÄUSLICHE VERGNÜGUNGEN, BAD UND SPORT

Der Römer kannte keine Langeweile, auch zu Hause konnte er seine Mußestunden verbringen, wo ihm Sklaven allerlei Unterhaltung boten. Es standen ihm Vorleser und Vorleserinnen zur Verfügung. Ein in der Literatur bewanderter Römer hielt sich einen Deklamator für literarische Erzeugnisse. Schließlich sorgten Musik, Gesang und Leierspiel für Kurzweil. Mancher Römer verfügte über eine Musikkapelle, die aus geeigneten Sklaven zusammengestellt war. Endlich brachten jugendliche Zwerge und mißgestaltete Leute von lächerlichem Aussehen als Narren und Possenreißer im Hause Unterhaltung. Besonders in der Kaiserzeit hatte man die sogenannten delicii (delicia), Lieblingssklaven, als Zeitvertreib in der Familie, die sich an der naiven Geschwätzigkeit dieser Kleinen ergötzte, die meist an Kindesstatt angenommen wurden. Der Römer empfand auch Vergnügen bei Tisch mit geladenen Gästen.

War aber die Stunde des Bades gekommen, so säumte er nicht, nach den Thermen (thermae, balnea) seine Schritte zu lenken. Die Thermen des Nero (54—68), Titus (79—81), Trajan (98—117) und anderer römischen Kaiser konnten meist kostenfrei besucht werden. In den Bädern ließ man sich schaben, abschuppen, lästige Haare entfernen, sich mit Bimsstein reiben, salben und frisieren, wofür viele Diener nötig waren. Gaukler und Akrobaten sorgten oft mit ihren Vorführungen für die Erheiterung der Badegäste.

Die Bäder hatten auch Abteilungen für sportliche Übungen. Neben dem Ring- und Faustkampf fand besonders das Ballspiel Pflege. Zum Sport gehörte außerdem Vogelfang und Fischen, vor allem die Jagd, der die Römer leidenschaftlich huldigten.

370.

Panaenus Liviae lector dec(essit).

Panänus, Sklave der Livia, Vorleser, gestorben.

Rom. CIL VI 3778.

371.

C. Terentius Fructus sibi et Attico ser(vo), qui vixit ann(is) XX, litteratus Graecis et Latinis librarius partes dixit CCC.

Gaius Terentius Fructus errichtete das Grab für sich und den Sklaven Atticus, der 20 Jahre lebte, gebildet in Griechisch und Latein, Bücherabschreiber; er wußte 300 Stücke herzusagen.

Piacenza-Placentia. DE 7753.

372.

Agrimatio Statiliaes Tauri f(iliae) Messalinae pumilio.

Agrimatio, Sklave der Statilia Messalina, der Tochter des Taurus, der Zwerg.

Rom, jetzt Paris. DE 7411.

373.

Oll(am) scurrae homini [probi]ssumo maximae [fidei] optumo leiberto [patronus] fecit.

Dem Possenreißer, dem rechtschaffenen Menschen von höchster Treue, dem besten Manne; der Patron ließ dem Freigelassenen den Aschenkrug aufstellen.

Rom. CIL VI 26044.

374.

Amaranthio Cerylli deliciu(s) vixit annis III m(ensibus) III. Dat ollam Ceryllus.

Amaranthio, der Lieblingssklave des Ceryllus, lebte 3 Jahre, 3 Monate. Die Urne stiftete Ceryllus.

Rom. CIL VI 3967.

375.

Mercurialis delicium meum an(norum) V k(arus) s(uis) h(ic) s(itus) e(st).

Mercurialis, mein Lieblingssklave, 5 Jahre alt, den Seinen lieb, liegt hier.

Cadix-Gades. CIL II 1852.

376.

L. Aponius Abascantus v(ixit) a(nnis) IIII m(ensibus) VI. T. Flavius Anicetus et Aponia Syrilla issulo* et delicio suo fecer(unt).

Lucius Aponius Abascantus lebte 4 Jahre, 6 Monate. Titus Flavius Anicetus und Aponia Syrilla errichteten das Grab ihrem Liebsten und Herzenskind.

Rom. DE 8544.

* issulus = ipsulus Kosewort.

377.

Chrysante cantrici Volusi Elaini vix(it) ann(is) XX. Philodespotus conser(v)us fecit.

Der Sängerin Chrysanthe, der Sklavin des Volusius Elainus, sie lebte 20 Jahre. Philodespotus, ihr Mitsklave, stiftete das Grab.

Rom. CIL VI 7285.

378.

Grab der 18jährigen Titia

Hic sita est Propitiae pupa et famula, Bacchi cymbalis(tria).

Hier liegt der Propitia Liebling und Dienerin, des Bacchus Cymbelschlägerin.

Rom. CIL VI 2254.

379.

Dis Man(ibus) Claudi Erotis Castre(n)sis lib(erti) fist(u)latori. Claudia Hagne con(iugi) b(ene) m(erenti) f(ecit).

Den Manen des Claudius Eros, des Freigelassenen des Castrensis, Rohrpfeifer. Claudia Hagne hat ihrem wohlverdienten Gatten das Grab gesetzt.

Rom. CIL VI 4444.

380.

Enipheus symph(oniacus) vixit annos XXXV.

Enipheus, Musiker, lebte 35 Jahre.

Rom. CIL VI 6888.

381.

D. Philetus Aug(usti) libertus exactor thermarum Traianarum...

Domitius Philetus, kaiserlicher Freigelassener, Einkassierer in den Trajansthermen...

Rom. DE 1628.

382.

Cucumio et Victoria se vivos fecerunt capsararius de Anton(in)ianas.

Cucumio, Kleiderverwahrer in den Antoninianischen(Caracalla-) Thermen, und Victoria errichteten das Grab für sich bei ihren Lebzeiten.

Rom. DE 7621.

383.

Neo T. Statili Tauri ser(vus) balneator.

Neo, Sklave des Titus Statilius Taurus, Bademeister.

Rom. DE 7412.

384.

M. Ul(pio) Epagathioni unctori. M. Ul(pius) (H)ermes sodali benemerenti fecit.

Dem Salber Marcus Ulpius Epagathio. Marcus Ulpius Hermes stiftete dem wohlverdienten Kameraden das Grab.

Rom. CIL VI 9997.

385.

Galene Liviae unctrix.

Galene, Sklavin der Livia, Salberin.

Rom. CIL VI 4045.

386.

M. Aur(elius) Aug(usti) lib(ertus) Philetus prepositus unctorum.

Marcus Aurelius Philetus, kaiserlicher Freigelassener, Obersalber.

Rom. DE 1576.

387.

M. Iuni M(arci) f(ilius) Cor(nelia) Zenodori iatraliptes.

(Grab) des Marcus Junius Zenodorus, des Marcus Sohn, aus der Tribus Cornelia, Salbenarzt.

Rom. CIL VI 9476.

388.

M. Octavius Primigenius alipilus a Tritone.

Marcus Octavius Primigenius, Haarentferner, wohnhaft beim Triton.

Rom. DE 7620.

389.

P. Aelio Aug(usti) lib(erto) Secundo, pilario omnium eminentissimo; fecit Aelia Europe viro sanctissimo et sibi.

Dem kaiserlichen Freigelassenen Publius Aelius Secundus, dem weitaus hervorragendsten Ballspieler; Aelia Europe ließ ihrem höchst verehrungswürdigen Mann und für sich das Grab setzen.

Rom. DE 5174.

390.

C. Afranio Clari lib(erto) Graphico doctori librario, lusori latrunculorum.

Dem Gaius Afranius Graphicus, Freigelassenen des Clarus, dem Schriftkundigen und Brettspieler.

Auch (Südfrankreich)-Ausci. DE 7752.

391.

Aus der Grabschrift des Lucilius Victorinus

Depositus XVII Kal. Aug.; hic artifex artis tessalarie lusorie.

Beigesetzt am 16. Juli; er war ein Künstler im Würfelspiel.

Rom. DE 7755a.

392.

Ursus, togatus vitrea qui primus pila
lusi decenter cum meis lusoribus
laudante populo maximis clamoribus
thermis Traiiani, thermis Agrippae et Titi
multum et Neronis, si tamen mihi creditis,
ego sum. Ovantes convenite, pilicrepi,
statuamque amici floribus, violis rosis
folioque multo adque unguento marcido
onerate amantes et merum profundite
nigrum Falernum aut Setinum aut Caecubum
vivo ac volenti de apotheca dominica.
Ursumque canite voce concordi senem
hilarem iocosum pilicrepum scholasticum,
qui vicit omnes antecessores suos
sensu, decore adque arte suptilissima.

Ursus, der Römer, spielt' mit Bällen ich zuerst
aus Glas gefällig unter meiner Spielerschar,
wobei das Volk mich pries mit lautem Beifallsruf,
in Trajans, in Agrippas, Titus' Bädern auch
und oft in Neros. Ihr mögt mir's glauben immerhin,

ich bin's. Ballspieler, eilt mit Jubel jetzt herbei,
mein Standbild schmückt mit Blumen, Veilchen, Rosenduft,
mit Laubwerk viel und mit der Salbe Wohlgeruch,
Verehrer, gießt Falerner aus, den dunklen Wein,
Setiner oder, ist's euch lieber, Cäcuber,
als schätzt' er noch ihn: Keller seiner Majestät!
Dem Ursus singt vereint ein Lied, dem alten Herrn,
Ballspieler, heiter, witzig, ein beredter Mann,
der in den Schatten alle Konkurrenten stellt',
Geschmack besaß er, Glanz und allerfeinste Kunst.

Rom. CE 29. 2. Jh. n. Chr. Iamb.

393.

Grab des T. Fl(avius) Pudens

Flavius hic situs est proavus, qui tempora vitae
Plura senex numerans meruit hoc saepe vocari:
Vixit ad exemplum vitae poteratque nepotum
Dici simul virtute pater, nam saepe solebat
E(x) aequo caeleri rivos transcendere magnos,
Nam canibus senior leporem monstrabat et ipse.
Sic fortis centum numerabat tempora vitae.
Hos ego iam proavo versus pater ipse neposque
testantes vitam multa per saecula misi.

Flavius liegt, der Urahn, hier, welcher Jahre gar viele
hat erlebt als Greis und so den Namen verdiente:
Musterhaft hat er gelebt und konnte „Vater" der Enkel
heißen zugleich ob der Kraft, mit der er reißende Bäche
zu durchqueren gar kühn auf flinkem Rosse gewohnt war,
zeigte der alte Herr doch selbst den Hunden die Hasen.
Also verlebte der Mann, der wackere wohl ein Jahrhundert.
Diese Verse, sie schrieb ich jetzt als Vater und Enkel
meinem Ahn; sie zeugen für ihn noch manches Jahrhundert.

Madaura (Numidien). CE 1967. Dakt.

394.

Aurelio Euticiano infelicissimo ex cursore pravato*, qui confecit sub die milia XCIV, qui vixit annos XXV meses duo dies VIIII...

Dem unglücklichen Aurelius Euticianus, dem bewährten Schnelläufer außer Diensten, der am Tage 94 Meilen machte und 25 Jahre, 2 Monate, 9 Tage lebte...

Salona. CIL III 2007.

* probato.

395.

Venandi studio[so] Ti. Claudio Nicost[rato] sevir(o)* Aug(ustali)* quinq(uennali)** per[petuo] colleg(ii) fabr(orum) Praenes[tinorum] Anneia Procilla coniux.

Dem Jagdliebhaber Tiberius Claudius Nicostratus, dem Sevir und Augustalen, dem ständigen Quinquennal der Schmiedezunft in Praeneste, die Gattin Anneia Procilla.

Palestrina-Praeneste. CIL XIV 2981.

* Mitglied des Sechsmännerkollegiums zur Pflege des Kaiserkultes.
** Quinquennal, Zensusbeamter, sonst alle fünf Jahre gewählt.

396.

Grab des Q. Marius Optatus

Heu iuvenis tumulo qualis iacet a[bditus isto*,
qui pisces iaculo capiebat missile dextra,
aucupium calamo praeter studiosus agebat.

Wer nur, kaum erst ein Mann, liegt unter dem Hügel begraben?
Seine geschickte Hand fing mit dem Wurfnetz die Fische,
war auch des Vogelfangs mit langem Rohre beflissen.

Penaflor (Spanien). CE 412. Hdschr. überl. Hex.

* ergänzt von Morales.

397.

Aus dem Testament eines Jägers

Volo autem omne instrumentum meum, quod ad venandum et aucupandum paravi, mecum cremari, cum lanceis, gladii[s], cultris, retibus, plagis, laqueis, [k]alamis, tabernaculis, formidinibus, balnearibus, lecticis, sella gestatoria et omni medicamento [et] instrumento illius studi...

Ich bestimme aber, daß all mein Gerät, das ich zur Jagd und zum Vogelfang verwendet habe, mit mir verbrannt werde, samt Lanzen, Hiebwaffen, Messern, Netzen, Garnen, Schlingen, Rohren, Zelten, Wildscheuchen, Badegeräten, Sänften, dem Tragsessel und allen Arzneimitteln und Gerätschaften dieser Liebhaberei...

Langres (Frankreich)-Andematunnum. DE 8379. 1. Jh.

V. GRABSCHRIFTEN VON TIEREN

Seit ältesten Zeiten herrschte eine enge Verbundenheit zwischen Mensch und Tier. Frühzeitig wurden auch Gedichte auf geliebte tote Tiere gemacht, um ihrer ehrend zu gedenken. Bei den Griechen, besonders in hellenistischer Zeit, und den Römern waren solche Trauergedichte eine beliebte Dichtungsart, die auch als Tierepitaphien dienten. Sehr gern wurden Hunde und Pferde besungen, ob nun in der Grabschrift die Tugenden des Tieres in den Vordergrund traten oder der Schmerz des Herrn über den erlittenen Verlust.

398.

Τὴν τρίβον ⟨ὃς⟩ παράγεις, ἄν πως τόδε σῆμα νοήσῃς,
μή, δέομαι, γελάσῃς, εἰ κυνός ἐστι τάφος·
Ἐκλαύσθην, χεῖρες δὲ κόνιν συνέθηκαν ⟨ἄν⟩ακτος,
ὅς μου καὶ στήλῃ τόνδε ἐχάραξε λόγον.

Kommst dieses Weges du und hast dies Grabmal vor Augen,
bitte, dann lache nicht, daß hier bestattet ein Hund.
Tränen flossen. Die Hand des Herrn hat das Grab mir bereitet,
der auch dies Klagewort eingemeißelt dem Stein.

Rom. GV 1365, GG 476. 2./3. Jh. Dist.

399.

Grabschrift eines Karrenhundes

Raeda[r]um custos numquam latravit inepte;
nunc silet et cineres vindicat umbra suos.

Nie zur Unzeit hat er gebellt, der Hüter des Wagens;
jetzo schweigt er, bewacht doch nun sein Schatten das Grab.

Recco-Ricina. CE 1174. 2. Jh. Dist.

400.

Aus der Grabschrift auf die Hündin Margarita (Perle)

Docta per incertas audax discurrere silvas
collibus hirsutas atque agitare feras,
non gravibus vinclis unquam consueta teneri
verbera nec niveo corpore saeva pati.
Molli namque sinu domini dominaeque iacebam
et noram in strato lassa cubare toro.
Sed iam fata subii partu iactata sinistro,
quam nunc sub parvo marmore terra tegit.

War gedrillt, ganz kühn unsichern Wald zu durchlaufen,
und durch hügelig Land jagt' ich das struppige Wild,
niemals gewohnt durch Fesseln, durch schwere, gehalten zu werden
noch auf dem weißen Leib duldend den schmerzlichen Hieb.
Denn ich lag auf dem weichen Schoß meines Herrn und der Herrin,
müd' lag ich oft genug auf dem Divan, dem breiten.
Doch mich ereilte mein Los: die Geburt, sie nahm mir das Leben;
auf meinem Grabe liegt Marmor, wenn er auch klein.

Rom, jetzt London. CE 1175. 2. Jh. Dist.

401.

Aus der Grabschrift des Schoßhundes Patrice

Tu, dulcis Patrice, nostras attingere mensas
consueras, gremio poscere blanda cibos,
lambere tu calicem lingua rapiente solebas,
quem tibi saepe meae sustinuere manus,
accipere et lassum cauda gaudente frequenter
[et mi omnes gestu dicere blanditias]*.

Du süße Patrice, ein Gast an unseren Tischen
warst du gern, aus dem Schoß holtest du dir deinen Teil,

auch zu belecken den Napf mit gieriger Zunge gefiel dir,
den dir zu leck'rem Gebrauch reichte gar oft meine Hand,
pflegtest den müden Herrn mit wedelndem Schweif zu begrüßen,
gabst alle Schmeichelei durch dein Gebaren mir kund.

Salerno-Salernum. CE 1176. Hdschr. überl. 2. Jh. Dist.

---

* ergänzt von Zanchi.

402.

Grabschrift des Schoßhündchens Myia

Quam dulcis fuit ista quam benigna,
quae cum viveret, in sinu iacebat,
somni conscia semper et cubilis!
O factum male, Myia, quod peristi!
Latrares modo, si quis adcubaret,
rivalis dominae licentiosa.
O factum male, Myia, quod peristi!
Altum iam tenet insciam sepulcrum
nec sevire potes nec insilire
nec blandis mihi morsibus renides.

Ach wie süß sie doch war, wie liebenswürdig,
auf dem Schoß sie mir lag, solang sie lebte,
mit mir teilte den Schlaf, die Lagerstätte!
O welch böses Geschick, daß Myia hinging!
Wie doch würdest du bellen, wenn sich einer
nahen wollte der Herrin als Rivale!
O welch böses Geschick, daß Myia hinging!
Jetzt birgt finster das Grab dich und du weißt's nicht,
kannst nicht toben mehr, nicht losfahr'n auf andre,
spielst nicht schmeichelnd mit mir, im Scherz mich beißend.

Auch (Südfrankreich)-Augusta Ausciorum. CE 1512. 2. Jh. Hendekasyllabi (Elfsilbler).

403.

Grabschrift auf ein Rennpferd: Dialog zwischen Passant und Stele

Στήλη μαρμαρέη, τίνοσ εἶ τάφος; – 'Ωκέος ἵππου. –
Τίς δ' ὄνομα; – Εὐθύδικος. – Τί κλέος; – 'Αθλοφόρος. –
Ποσ⟨σ⟩άκις ἐστέφθης δρόμον; – Πολλάκις. – Τίς δ' ἔλαέν μιν; –
Κοίρανος. Ὦ τιμῆς κρέσσ⟨ο⟩νος ἡμιθεῶν.

Marmorsäule, wer liegt hier im Grab? — Ein Roß ist's, ein schnelles. —
Name? — Euthydikos. — Ruhm? — O durch Siege bedingt. —
Wie oft bist du gelaufen? — Gar oft. — Und der Lenker des Wagens? —
Koiranos, den doch an Ruhm selbst nicht ein Halbgott erreicht.

Rom. GV 1844. 2. Jh.? Dist.

404.

Grabschrift des kaiserlichen Pferdes Borysthenes

Borysthenes Alanus
Caesareus veredus,
per aequor et paludes
et tumulos Etruscos
volare qui solebat
Pannonicos in apros,
vel extimam saliva
sparsit ab ore caudam.
Nec ullus insequentem
dente aper albicanti
ausus fuit nocere,
ut solet evenire:
sed integer iuventa,
inviolatus artus
die sua peremptus
hoc situs est in agro.

Borysthenes Alanus,
Roß vom Stall des Kaisers,
durch Wasser und durch Sümpfe,
durch Etruriens Hügel
pflegt es dahinzufliegen;
jagend Pannonische Eber
verspritzt' es schaum'gen Geifer
bis an des Schwanzes Spitze.
Verfolgte es den Keiler,
wagt' keiner ihm zu schaden,
kein weißgezähnter Eber,
wie sich's ja trifft zuweilen:
Mit ungebrochener Jugend,
unverletzten Knochen,
zu seiner Zeit gestorben
hier im Gefilde liegt es.

Apt (Südfrankreich)-Apta. CE 1522. Hdschr. überl. 2. Jh. Wechsel zwischen Iamben und Choriamben.

VI. WELTANSCHAUUNG IN GRABSCHRIFTEN

a. HEIDNISCHER JENSEITSGLAUBE

Nach heidnischem Glauben lebt die Seele nach dem Tode in der Unterwelt fort, im Reich der abgeschiedenen Seelen bei Pluto (= Hades oder Dis) und Persephone, bei den düstern Gewässern des Acheron, Lethe und Styx, im finstern Tartarus oder in den paradiesischen Gefilden von Elysium. Auch Iupiter und Bacchus mit den Nymphen und seiner Satyrschar können den Verstorbenen aufnehmen. Wie bei den Griechen die Schicksalsgöttin Moira bestimmte bei den Römern das Fatum (auch fata) den Tag des Ablebens eines Menschen oder es riefen die Parzen die Menschen zum Tode, drei griechische Gottheiten, Klotho, Lachesis und Atropos, die als Personifikationen des allbezwingenden Schicksals eine mit Angst gemischte Verehrung genossen. Die Römer waren überzeugt, daß der Tote im Grabe weiterlebe. Die Manen sind die verklärten Geister der Abgeschiedenen und wurden als Unterweltsgötter verehrt. Sie mußten durch Opfergaben günstig gestimmt bleiben, da man sonst ein unerwünschtes Eingreifen derselben im Diesseits erwartete. Die Grabstätten standen unter ihrem besonderen Schutz, den die Eigentümer in der Einleitungsformel D(is) M(anibus) für den Verstorbenen in seinem Namen erbaten. Doch nicht selten werden von Leuten, die im Glauben an die Götter wankend geworden sind, auf Grabsteinen auch Zweifel ausgedrückt, ob es auch wirkliche Manen gebe, die als Geister der Verstorbenen an der Welt der Lebenden noch teilnehmen.

Die im fernen Osten des Römerreichs stehenden Soldaten brachten den Kult des persischen Sonnengottes Mithras auch in die Hauptstadt. Einen noch größeren Eindruck auf das italische

Volk machte die Verehrung der ägyptischen Göttin Isis. Seit der Kaiserzeit drangen noch andere ausländische Geheimkulte in das römische Reich ein, und all diese Sekten versprachen ihren neuen Anhängern selige Unsterblichkeit. Manche Namen von Priestern und Priesterinnen, die dem heidnischen Kulte dienten, sind uns aus Grabsteinen bekannt. Es wurde ihnen auch die gebührende Ehrung zuteil.

405.

Heu crudele nimis fatum.

O allzu grausames Schicksal!

Rom. CE 1549. Dakt.

406.

Scias viator]: fata non parcunt bonis.

Du, Wanderer, sieh: das Schicksal schont die Guten nicht.

Rom. CE 96. Iamb.

407.

Sed quo fata vocant, nullus resistere possit.

Aber wohin auch das Schicksal ruft, mag keiner sich wehren.

Aquileja. CE 2199. DI 4813 A. 4./5. Jh. Hex.

408.

Cunctis fila parant et Parce nec parcetur ullis.

Allen spinnen die Parzen Fäden, begnadigen werden sie keinen.

Salona. CE 627. DI 3363 b. 6. Jh. n. Chr. Hex.

409.

Ti. Claudius Aug(usti) l(ibertus) Docilis aeditus aedis Fortunae Tullianae.

Tiberius Claudius Docilis, kaiserlicher Freigelassener, Aufseher im Tempel der Fortuna Tulliana.

Rom, jezt England. DE 3717.

410.

Q. Servilius Q. l(ibertus) Auctus victumarius fecit sibi et Acaniae Q. l(ibertae) Lepidae.

Quintus Servilius Auctus, Freigelassener des Quintus, Opferdiener, errichtete das Grab für sich und Acania Lepida, des Quintus Freigelassene.

Rom. DE 4962.

411.

L. Valerius L. l(ibertus) Auctus avium inspex blaesus a(nnorum) LVI. S(it) t(ibi) t(erra) l(evis). Felicio frat(er).

Lucius Valerius Auctus, des Lucius Freigelassener, lispelnder Vogelschauer, er lebte 56 Jahre. Möge dir die Erde leicht sein! Felicio, der Bruder.

Astorga (Spanien)-Asturica. DE 4960. 2. Jh.

412.

L. Antonio Saturo harus(pici) leg(ionis) Flavi(ae) Gemelina marito dulcissimo fecit.

Gemelina ließ ihrem heißgeliebten Gatten Lucius Antonius Saturus, Opferdeuter der Legion des Flavius, das Grabmal setzen.

Lambaesis (Numidien). CIL VIII 2809.

413.

L. Veturius Rufio [a]vispex extispicus [sac]erdos publicus [e]t privatus.

Lucius Veturius Rufio, Vogelschauer und Eingeweideschauer, amtlicher und privater Priester.

Gubbio-Iguvium. DE 4959.

414.

Q. Tiburti Q. l. Menolavi cultrari oss[a] heic sita sunt.

Die Gebeine des Quintus Tiburtius Menolavus, des Quintus Freigelassenen, des Opferschlächters, liegen hier.

Capua. DE 7642.

415.

C. Cestius L. f. Pob(lilia) Epulo pr(aetor) tr(ibunus) pl(ebis) VII vir epulonum*.

Gaius Cestius Epulo, des Lucius Sohn, aus der Tribus Poblilia, Prätor, Volkstribun und Mitglied des Priesterkollegiums der Septemviri Epulonum.

Rom. DE 917.

* Die Epulonen, beauftragt, feierliche Opferschmäuse zu veranstalten. Die Cestiuspyramide im südlichen Rom, 12 v. Chr. erbaut.

416.

Mamiae P(ubli) f(iliae) sacerdoti publicae. Locus sepultur(ae) datus decurionum decreto.

Der Mamia, Tochter des Publius, öffentlicher Priesterin. Der Begräbnisplatz wurde nach Decurionenbeschluß zur Verfügung gestellt.

Pompeji. DE 6367.

417.

Helvia Severa sacerdos castissima annis LXXXV vixit iudicio, senuit merito, obit exemplo.

Helvia Severa, fleckenlose Priesterin, 85 Jahre alt. Ihr Leben verdiente Beifall, ihr Alter Anerkennung, ihr Sterben Nachahmung.

Djenum (prov. Bycazene) Nordafrika.

418.

Saufeiae Alexandriae v(irginis) V(estalis) Tiburtium cap(u)latores Tiburtes mirae eius innocentiae quam vibae decreverunt, post obitum posuerunt. L(ocus) d(atus) s(enatus) c(onsulto).

Der Saufeia Alexandria, der vestalischen Jungfrau von Tibur, haben die tiburtischen Ölschöpfer wegen ihrer wunderbaren Sittsamkeit entsprechend einem noch zu ihren Lebzeiten gefaßten

Beschluß nach ihrem Ableben das Denkmal errichtet. Der Platz wurde auf Beschluß des Senats zur Verfügung gestellt.

Tivoli-Tibur. DE 6244.

419.

Grab des L. Sempronius Firmus

Ita peto vos, [Ma]nes sanctissimae, commendat[um] habeatis meum carum et vellitis huic indulgentissimi esse, horis nocturnis ut eum videam, et etiam me fato suadere vellit, ut et ego possim dulcius et celerius aput eum pervenire.

So bitte ich euch, heiligste Unterweltsgöttinnen, laßt meinen Teuren euch empfohlen sein und wollet ihm gnädig sein, daß ich ihn in nächtlichen Stunden sehe und daß er auch mich dem Schicksal empfehlen möge, daß auch ich recht süß und schnell zu ihm gelangen kann.

Rom. DE 8006.

420.

Tu, pia tu mater cineres operire memento.
Saepius in nati nomen clamato iacentis
verba meo cineri saltem gratissima dona!

Du, fromme Mutter, gedenk, daß du meine Asche bedeckest!
Rufe den Namen oft des Sohnes, der hier liegt im Grabe,
sind es auch Worte nur, sie sind meiner Asche das Liebste!

Rom. CE 431. 1.Jh. Hex.

421.

Numina nunc inferna precor: patri date lucos
in quis purpureus perpetuusque dies.
Hic certe ut meruit cunctast data cura sepulcro
texeruntque favi de Siculis apibus.

Götter der Unterwelt, jetzt bitt' ich, gönnt meinem Vater
Haine, in denen herrscht schimmernder ewiger Tag.

Wahrlich hier nach Verdienst galt die ganze Sorge dem Grabe,
  Bienen Siziliens dann träufelten Honig darauf.

Rom. CE 1262. Hdschr. überl. Dist.

422.

Aus der Grabschrift eines Knaben

Nunc seu te Bromio signatae mystidis aise*
  florigero in prato congregi in Satyrum
sive canistriferae poscunt sibi Naïdes aequ[e
  qui ducibus taedis agmina festa trahas.

Jetzt nehmen Frauen dich auf zu sich, dem Bacchus geweihte,
  in der Satyren Schar — blumengeschmückt ist die Flur —
oder die Nymphen wohl auch zu sich mit Körben voll Blumen,
  festlich den Reigen du führst; Fackeln, sie leuchten voran.

Philippi (Mazedonien). CE 1233. 3. Jh. Dist.

* = ad se.

423.

Grab des Rufus Festus

Ibis in optatas sedes, nam Iuppiter aethram
  pandit, Feste, tibi, candidus ut venias.
Iamque venis: tendit dextras chorus inde deorum,
  et toto tibi iam plauditur ecce polo.

An die erwünschte Stätte du kommst; denn Jupiter spendet,
  Festus, dir seinen Glanz so, daß du leuchtend erscheinst.
Schon erscheinst du: es strecken die Hände dir aus alle Götter,
  Beifall wird dir geklatscht, wo nur der Himmel sich dehnt.

Rom. CE 1530 B. Ca. 400 n. Chr. Dist.

424.

Hic ego nunc cogor Stygias transire paludes,
  sedibus aeternis me mea fata tenent.

Hier nun zwingt mich mein Los, die stygischen Wasser zu kreuzen,
in der Ewigkeit Reich hat mich mein Schicksal geführt.

Mainz-Moguntiacum. CE 1005. 1. Jh. Dist.

425.

Sprevisti patrem matremque, miserrime nate,
Elysios campos habitans et prata veatum*.

Unglückseliger Sohn, willst wissen nichts von den Eltern,
wohnst im Elysium jetzt und in der Seligen Gärten.

Thyatira (Lydien). CE 432. Hex.

* = beatorum.

426.

Tu qui secura spatiarus* mente viator
et nostri voltus derigis inferieis**,
si quaeris quae sim, cinis en et tosta favilla,
ante obitus tristeis Helvia Prima fui.
Coniuge sum Cadmo fructa Scrateio
concordesque pari viximus ingenio.
Nunc data sum Diti*** longum mansura per aevum
deducta et fatali igne et aqua Stygia.

Du, der als Wandrer hier mit ruhigem Herzen daherkommst
und mit den Blicken streifst, wo man die Opfer mir bringt,
wenn du fragst, wer ich bin: nur Staub und trockene Asche,
vor meinem traurigen Tod Helvia Prima ich war.
Cadmus Scrateius, mein Mann, als Gatte war meine Lust er,
Eintracht war unser Ziel, gleich schlug uns beiden das Herz.
Jetzt bin ich Pluto geweiht und bin's für ewige Zeiten,
durch die Flamme ich ging über das Wasser des Styx.

Benevent. CE 960. 1./2. Jh. Dist.

* = spatiaris. ** inferiae Totenopfer. *** = Plutoni.

427.

Grab der Marcana Vera

Ver tibi contribuat sua munera florea grata
Et tibi grata comis nutet aestiva voluptas
Reddat et autumnus Bacchi tibi munera semper
Ac leve hiberni tempus tellure dicetur.

Dir verleihe der Lenz seine Gaben, herrliche Blumen,
und es nicke dir zu die Ähre, Freude des Sommers,
und es schenke der Herbst dir stets die Gaben des Bacchus,
fröhliche Winterzeit mag dir bescheren die Erde.

Sarsina. CE 439. Hex.

428.

Aus der Grabschrift der Cerespriesterin Ninnia Primilla

Hospes, si non es[t] lasso tibi forte molestum,
oramus lecto nomine pauca legas.
Sum libertinis ego nata parentibus ambis
pauperibus censu, moribu[s] ingenuis.

Fremder, wenn's dich nicht eben jetzt den Müden belästigt,
bitte den Namen lies, dann aber lies nicht mehr viel.
Tochter bin ich von Eltern, die freigelassen man beide,
Reichtum hatten sie nicht, doch aber sittlichen Wert.

Penni-Pinna, jetzt Neapel. CE 1125. Dist.

429.

Grab eines Mithraspriesters

M. Valeri[us] Maximu[s] sacerdo[s] d(ei) S(olis) i(nvicti) M(ithrae), stu(diosus) astrologia[e], sibi et uxori.

Marcus Valerius Maximus, Priester des unbesiegbaren Sonnengottes Mithras, kundig der Sterndeuterei, für sich und seine Gattin.

Mailand-Mediolanum. DE 4270a.

430.

Grab einer Isispriesterin

Iulia Sidonia Felix de nomine tantum,
cui, nefas, ante diem ruperunt stemina Parcae,
quam procus heu nuptiis Hymeneos contigit ignes:
Ingemuere omnes, Dryades doluere puellae
et Lucina facis demerso lumine flevit,
virgo quod et solum pignus fueratque parentum:
Memphidos haec fuerat divae sistratae* sacerdos.
Hic tumulata silet aeterno munere somni.

Julia Sidonia Felix, nur dem Namen nach glücklich,
der die Parzen, wie schlimm, den Lebensfaden durchschnitten,
eh' noch ein Freier ihr die Hochzeitsfackel entzündet:
Alle seufzten sie schwer, es litten die Nymphen des Waldes
und die Göttin des Lichts in Tränen senkte die Fackel,
einziges Liebespfand war doch die Jungfrau den Eltern:
Trug als Priesterin stets die Klapper der Göttin von Memphis.
Hier begraben sie schweigt in ewiger Gnade des Schlafes.

Constantine-Cirta (Numidien). CE 1997. 3. Jh. Hex.

* mit einer Isisklapper versehen.

b. PESSIMISMUS DER MATERIALISTEN

Auf heidnischen Epitaphien wird ein Leben nach dem Tode oft auch in Abrede gestellt. Fremde Kulte und philosophische Lehren brachten viele vom Götterglauben ab. Auch bedeutende Schriftsteller zweifelten an der Existenz von Göttern und wiesen den Unsterblichkeitsglauben von sich. Dichter Lukrez stellt in einer Schrift die materialistische Lehre Epikurs dar mit dem Ziel, die Menschheit zu erlösen von der Angst vor den Göttern und vor dem Tode. Auch Epikur bestreitet die Unsterblichkeit der Seele. Der Materialist erwartet in seinem Pessimismus keine Fortdauer im Jenseits, der Tod ist nach seiner Meinung viel mehr ein Aufhören allen Seins. Auf Grabmonumenten wird geklagt, daß der Verstorbene des Lichts entbehre, daß er in Finsternis liege. Die Glieder sind in ewigen Schlummer gehüllt, der Tod ist ewige Nacht, der Tod ist Vernichtung. Auch die Auflösung in das Nichts ist auf Gräbern zu lesen. Manche Inschrift drückt das Gefühl der Hoffnungslosigkeit aus, und mit solch düsteren Anschauungen sollten die Vorübergehenden getröstet werden.

431.

Nu(n)c [mor]or in tenebris deserta luce ...

Jetzt im Finstern ich lieg, des Lichtes beraubt ...

Venafro-Venafrum. CE 1084. Dakt.

432.

Ulterius nihil est morte neque utilius.

Tod ist das Letzte wohl, aber das Heilsamste auch.

Brixen-Brixia. CE 1493. Verschollen. Pent.

433.

Non fueram, non sum, nescio; non ad me pertin(et).

War nie gewesen, bin nicht mehr. Ich weiß nichts davon; es trifft mich nicht.

Concordia-Iulia Concordia. CE 1585. Iamb.

434.

N(on) f(ui) n(on) s(um), n(on) c(uro).

Ich bin nicht gewesen, ich bin nicht, ich kümmere mich nicht darum.

Gemona-Glemona. CIL V 1813.
n. f. n. s. n. c. eine häufig vorkommende Abkürzungsformel.

435.

Nil fui, nil sum: et tu, qui vivis,
es bibe lude veni.

Ich war nichts, ich bin nichts: Und du, der du lebst,
iß, trink, scherze, komm!

Cadix-Gades. CE 1500. M. A.

436.

Bona vita vive, sodalis! Quare? Post obitum [n]ec risus nec lusus [n]ec ulla voluptas erit.

Führe ein angenehmes Leben, Kamerad! Warum? Nach dem Tod wird es weder Lachen noch Scherzen noch irgend einen Genuß geben.

Prata-Peltuinum, jetzt Aquileja. CE 186. M. A.

437.

Quid tibi nunc prodest stricte vixisse [to]t annis?

Was hast du nun davon, daß einwandfrei du gelebt hast?

Rom, jetzt Neapel. CE 543. 2. Jh. Hex.

438.

Quid sumus aut loquimur vita est quid deniq[ue nostra?
Vel modo nobiscum vixit homo, nunc homo no[n est.
Stat lapis et nomen tantum, vestigia nulla.
Quid quasi iam vita est? Non est quod quaerere cu[res.

Unser Reden und Sein, was ist zuletzt unser Leben?
Eben hat er mit uns gelebt, nun ist er kein Mensch mehr.
Grabstein und Namen nur sind hier, sonst keinerlei Spuren.
Was also ist nun das Leben? Es lohnt sich nimmer die Frage.

Rom. CE 801. 1. Jh. Hex.

439.

Dum vibes, homo, vibe; nam post mortem nihil est. Omnia remanent et hoc est homo, quod vides.

Solange du lebst, Mensch, lebe auch, denn nach dem Tode ist nichts. Alles bleibt zurück und das ist der Mensch, was du hier siehst.

Chiusi-Clusium. CIL XI 2547 a. DI 900. 3. Jh.

440.

Vita bonum est et vita malum; mors neutrum habet ho[ru]m.
Perspice, si sapias, quid magis expedia[t.

Leben ist gut und Leben ist schlimm; Tod keines von beiden.
Schau nun, wenn du's vermagst, was da von beiden dir frommt!

Ammaedara (Nordafrika). CE 1497. Dist.

441.

Haec domus aeterna est, hic sum situs, hic ero semper.

Ewig ist dies Haus, hier lieg' ich, und werd' hier auch stets sein.

Pesaro-Pisaurum. CE 434. Hex.

442.

Nihil sumus et fuimus mortales. Respice, lector:
in nihil ab nichilo quam cito recidimus.

Wir sind nichts, waren Sterbliche nur. Erwäge nun, Leser,
wie wir vom Nichts ins Nichts fallen in kürzester Zeit.

Rom. CE 1495. Hdschr. überl. Dist.

443.

... Obitus nil eris ...

... Im Tode wirst du ein Nichts sein ...

Rom. CE 1587. M. A.

444.

Alexandream quisque noveras, quaeso,
lege pauca verb(a), paululum et dolens vad(e),
aut nil doleto: Nil mali est, ubi nil est.

Hast du die Alexandria gekannt, ich bitt',
lies diese Worte flüchtig und geh fort betrübt,
doch traure auch nicht: Wo nichts ist, auch kein Übel ist.

Aquileja. CE 214. Iamb.

445.

Auf dem Grabstein der Cerellia Fortunata

Μή μου παρέλθῃς τὸ ἐπίγραμμα, ὁδοιπόρε,
ἀλλὰ σταθεὶς ἄκουε καὶ μαθὼν ἄπι·
οὐκ ἔστι ἐν Ἅιδου πλοῖον, οὐ πορθμεὺς Χάρων,
οὐκ Αἰακὸς κλειδοῦχος, οὐχὶ Κέρβερος {κύων},
ἡμεῖς δὲ πάντες οἱ κάτω τεθνηκότες
ὀστέα τέφρα ⟨γ⟩εγόναμεν, ἄλλο δὲ οὐδὲ ἕν.
Εἴρηκά σοι ὀρθῶς· ὕπαγε, ὁδοιπόρε,
μὴ καὶ τεθνακὼς ἀδόλεσχός σοι φανῶ.

Geh nicht vorüber, Wandrer, hier an diesem Grab,
bleib stehen vielmehr, hör und geh gewitzigt fort:
Kein Nachen ist im Hades und kein Charon fährt,
kein Äakus als Torwart und kein Cerberus,
wir alle aber, die hinabgegangen sind,
sind Knochenreste nur noch und nichts andres mehr.
Ich hab dir wahr berichtet; geh nun, Wandrer, fort,
daß nicht ein Schwätzer ich dir dünke noch im Tod.

Rom. DE 8156. GV 1906, GG 454. 3./4. Jh. Iamb.

c. OPTIMISMUS DER EPIKUREER

Als die römischen Kaiser allmählich wieder Ordnung in Rom schufen, versuchte man auch die Verehrung der nationalen Götter von neuem wieder einzuführen. Aber der Glaube an die Götter konnte trotz aller Bemühungen der staatlichen und religiösen Behörden nicht wieder zum früheren Leben erweckt werden. Besonders die vornehmeren, in Religionsangelegenheiten gleichgültigeren Stände rechneten mit der Auflösung der alten Religion. Wenn sie überhaupt noch eine Meinung über religiöse Dinge hatten, so war diese irgendeinem philosophischen System entnommen, vor allem der stoischen oder epikureischen Lehre. Die Stoiker wollten in einer Zeit der Auflösung den Menschen als Erzieher durch ihre Lebensweisheit einen sittlichen Halt geben, wenn sie auch in der Jenseitsfrage oft eine unentschiedene Haltung einnahmen.

Der Epikureismus dagegen glaubte nicht mehr an eine Einwirkung der Götter auf die menschlichen Dinge und ebensowenig an die Unsterblichkeit der Seele. Der Tod ist kein Übel, weil er nichts ist, sagte Epikur. Sein und Bewußtsein hörten mit dem Tode auf. Hierin sahen seine Anhänger den besten Trost und zeigten keine Furcht vor dem Tode. Es lag nichts näher, als daß die Epikureer für den Sinnengenuß eintraten, da doch alles andere unsicher sei und bald Tod und Alter drohten. Der Hang zum Leben und die epikureische Gemütsruhe treten in den Grabschriften deutlich hervor.

446.

Tu qui stas et leges titulum meum, lude, iocare, veni!

Du, der du hier stehst und meine Grabschrift liest, spiele, scherze — und komm!

Cordova-Corduba. CIL II 2262. M. A.

447.

Ioceris, ludas hortor: hic summa est severitas.

Ich mahn': Man scherz' und spiel'; denn dies ist höchster Lebensernst.

Rom. CE 85. Iamb.

448.

Vive in dies et horas; nam proprium est nihil.

Leb in den Tag und die Stunden hinein; denn nichts ist dein eigen!

Rom. CE 185. 1.Jh. v. Chr. Iamb.

449.

Ne metuas Lethen; nam stultum est tempore et omni,
dunc mortem metuas, amittere gaudia vitae.

Fürchte die Lethe nicht; denn töricht ist es, wann immer,
während du fürchtest den Tod, zu verlieren die Freuden des Lebens.

Rom. CE 1567. 1. Jh. n. Chr. Hex.

450.

Vivite, felices, quibus est data vita fruend[a.

Glücklich lebe, dem je zum Genuß das Leben vergönnt ist.

Mainz-Moguntiacum. CE 373. Ca. 43—70. Hex.

451.

Grab des 80 jährigen T. Flavius Martialis

Quod edi, bibi, mecum habeo; quod reliqui, perdidi.

Was ich aß und trank, das hab' ich; ich verlor, was übrig blieb.

Rom. CE 244. Iamb.

452.

Grab des Legionssoldaten P. Clodius Pius

Dum vixi, vixi quomodo condecet ingenuom.
Quod comedi et ebibi, tantum meu est.

Solang ich lebte, lebt' ich, wie's dem Freien ziemt.
Nur was ich aß und was ich trank, gehört mir ganz.

Benevent. CE 187. Zeit des Augustus. Iamb.

453.

Grab des Veteranen T. Cissonius

Dum vixi, bibi libenter; bibite vos, qui vivitis.

Zeitlebens trank ich gern; so trinkt auch ihr, die ihr noch lebt!

Antiochia (Pisidien). CE 243. 1. Jh. Iamb.

454.

Familiengrab des Schiffsarchitekten Q. Caelius Vivius

Hospes resiste et, nisi molestust, perlege.
Noli stomachare. Suadeo caldum bibas.
Moriundust. Vale!

Bleib stehen, Wandrer, lies, wenn's dir nicht lästig ist!
Du sollst nicht ärgern dich, ich rat' dir, trinke Punsch!
Tod ist dein Los. Leb wohl!

Ausonia-Fratta. CE 118. Iamb.

455.

Aus der Grabschrift des Flavius Agricola

Amici qui legitis, moneo, miscete Lyaeum*
et potate procul redimiti tempora flore
et venereos coitus formosis ne denegate puellis:
cetera post obitum terra consumit et ignis.

Freunde, die ihr es lest, ich mahn' euch, mischet den Wein mir,
trinket ihn auch, weit weg, bekränzt mit Blumen die Schläfen,
schönen Frauen versaget dann nicht die Wonne der Liebe:
Was noch bleibt nach dem Tod, verzehren Feuer und Erde.

Rom. CE 856. Hex.

* = Sorgenlöser, Wein.

456.

Am Schluß einer schwer lesbaren Grabschrift

Omn[i]bus co(m)potoribus bene.
Allen Zechgenossen gehe es gut!

Bordeaux-Burdigala. CIL XIII 645.

457.

Aus der Grabschrift des Tib. Claudius Tiberinus

Quis bona non hilari vidit convivia voltu
adque meos mecum pervigilare iocos?

Wer nahm am köstlichen Mahle nicht teil mit heiterer Miene
und genoß meinen Witz bis in den Morgen hinein?

Rom. CE 1111. Ca. 100 n. Chr. Dist.

458.

Aus der Grabschrift des 77 jährigen P. Aufidius Epictetus

Numquam tristis erat, laetus gaudebat ubique,
nec senib(us) similis mortem cupiebat obire,
set timuit mortem nec se mori posse putabat.

Niemals war er betrübt und überall freute er froh sich,
wünschte auch nicht, wie Greise sonst tun, dem Tod zu verfallen,
vielmehr fürchtet' er ihn, glaubte niemals sterben zu können.

Ostia. CE 487. 3. Jh. n. Chr. Hex.

459.

Schlußworte der vom Gatten der Blandinia Martiola verfaßten Grabschrift

Tu, qui legis, vade in Apolinis lavari(um), quod ego cum coniuge feci. Vellem, si aduc possem.

Leser, geh ins Apollobad, was auch ich mit meiner Frau getan habe. Ich wollte, ich könnte es noch!

Lyon-Lugdunum. DE 8158. 3. Jh.

460.

Grab des Tiberius Claudius Secundus

Balnea, vina, Venus corrumpunt corpora nostra,
sed vitam faciunt b(alnea) v(ina) V(enus).

Bäder und Liebe und Wein, sie richten uns freilich zugrunde,
aber das Leben sind doch Bäder und Liebe und Wein.

Rom. CE 1499. Hdschr. überl. Dist.

461.

D. M. C. Domiti Primi
Hoc ego su in tumulo Primus notissimus ille.
Vixi Lucrinis*, potabi saepe Falernum.
Balnia, vina, Venus mecum senuere per annos.
Hec ego si potui, sit mihi terra lebis!
Sed tamen ad Manes Foenix me serbat in ara,
qui mecum properat se reparare sibi.

Den Manen des Gaius Domitius Primus.
Primus, der allen bekannt, in diesem Grabe da lieg' ich.
Austern von Lukrin verzehrt' ich, trank den Falerner.
Bäder und Liebe und Wein, sie kamen mit mir in die Jahre.
Hab' ich das fertig gebracht, sei nun die Erde mir leicht!
Doch es bewahrt für die Manen mich hier am Altare der Phönix;
mit mir eilt er dahin, eilt zu der Wiedergeburt.

Ostia, jetzt Neapel. CE 1318. 3. Jh. Dakt.

* = ostreis Lucrinis Austern im Lukrinersee bei Bajae.

462.

Scribi in titulo versuculos volo quinque decenter:
Valerius Avitus hoc scripsi Conimbrica natus.
Mors subito eripuit.
Vixi ter denos annos sine crimine vitae.
Vivite victuri, moneo: mors omnibus instat.

Auf meinem Grabstein seien, ich will's, fünf Verslein geschrieben.
Aus Conimbrica ich, Valerius, hab' es geschrieben.
Plötzlich entriß mich der Tod.
Dreißig Jahre hab' ich gelebt, nichts hab' ich verschuldet.
Lebt, die ihr leben wollt: so mahn' ich, der Tod droht doch allen.

Coimbra (Portugal)-Conimbriga. CE 485. Hdschr. überl. Dakt.

d. HOFFNUNG DER CHRISTEN

In die griechisch-römische Welt trat das Christentum ein, mit Ideen, die dem Heidentum unbekannt waren. Das jenseitige Leben erscheint dem Christen als höchstes Glück. Vom Leben im Diesseits wird in christlichen Grabschriften weniger gesprochen, es ist vielmehr von den letzten Dingen des Menschen die Rede, vom Tod, von der Auferstehung, von Himmel und Hölle. Der Christ nimmt das Todesschicksal ergeben hin, die Seele steigt zu den Sternen auf.

Als das Christentum noch nicht festen Fuß gefaßt, sind auch heidnische Begriffe auf christlichen Grabsteinen zu lesen. So wird noch häufig die an die Totengötter gerichtete Einleitungsformel D. M. an den Anfang einer Grabschrift gesetzt. Einmal ist sogar zwischen diesen beiden Buchstaben das Bild des Fisches eingemeißelt, das Symbol des Christentums. Heidnische Gedanken sind es ferner, wenn der Olymp dem Himmel gleichgestellt ist, wenn Gott „summi rector Olimpi" (DI 1512) genannt wird. Auch die elysischen Gefilde haben in christlichen Epitaphien ab und zu ein Plätzchen gefunden.

Die stehenden Formeln der heidnischen Grabsteine hic situs es, sit tibi terra levis und der Abschiedsgruß vale, have erscheinen auf den altchristlichen Steinen allmählich seltener, an ihre Stelle treten die Ausdrücke dormire, quiescere, requiescere in pace. Die Ruhe des Toten wird als Schlaf bis zum Auferstehungstag bezeichnet. Immer häufiger finden sich der Fisch, der Anker, die Taube, das Christusmonogramm eingemeißelt, immer häufiger werden auch die Märtyrergräber. In deren Nähe beigesetzt zu werden war ein besonderer Wunsch der Gläubigen. In den christlichen Epitaphien tritt an die Stelle des Fatums das Walten Gottes.

463.

D(e)p(ositio) Lucifer(a)e co(n)iugi dulcissima(e) omnen dulcitudinem. Cum luctu(m) maxime marito reliquisset, meruit titulum inscribi, ut quisque de fratribus legerit, roget deu(m) ut sancto et innocenti spirito (= sanctus et innocens spiritus) ad deum suscipiatur. Que vixit annos XXII me(nse)s n(umero) IIII dies VI.

Beisetzung. Der Lucifera, der holdesten Gattin, höchste Wonne. Da sie ihrem Gatten die größte Trauer zurückließ, verdiente sie, daß ihr eine Grabschrift gesetzt werde, damit jeder von den Brüdern, welcher sie liest, Gott bitten möge, daß ihre heilige und unschuldige Seele zu Gott aufgenommen werde. Sie lebte 22 Jahre, 4 Monate, 6 Tage.

Rom. DI 2376a.

464.

Gaudentia, dulcis anima, que fuit cum marito annum m(enses) IIII, cum quo vixit sine ulla culpa.

Gaudentia, süße Seele, die mit dem Gatten ein Jahr, vier Monate verheiratet war, mit dem sie ohne jede Schuld lebte.

Rom. DI 4313. (Saturninuskatakombe).

465.

Didymus Aureliae Didymeti, filiae dulcissimae.

Didymus der Aurelia Didyme, seinem holden Töchterlein.

Rom. DI 4512. (Agneskatakombe).

466.

Laurinia, melle dulcior, quiesc(e) in pace.

Laurinia, süßer als Honig, ruhe in Frieden!

Rom. DI 2280. (Saturninuskatakombe).

467.

† Hic requiescit in pace Iohannis v(ir) h(onestus), (h)olografus propine* Isidori, qui vix[it] ann(os) plus m(inus) XLV. Dep(ositus) X Kalen(das) Iunia[s] consulatu Vilisari v(iri) c(larissimi).

* popinae.

† Hier ruht in Frieden der ehrengeachtete Johannes, Buchhalter in der Weinschenke des Isidorus, der gegen 45 Jahre lebte. Bestattet am 23. Mai unter dem Consulat des Belisarius, des hochedlen Mannes.

Rom. DI 713. Jahr 536.

468.

Hic requiescit in pace Iovinus de scola carrucar[ior]um, qui vixit annus plus minus XXXV et mensis VI et dies VIIII.

Hier ruht in Frieden Jovinus von der Zunft der Kutscher, der gegen 35 Jahre, 6 Monate, 9 Tage lebte.

Rom. DI 375.

469.

Florentius Felix agneglus dei.

Florentius Felix, Lämmlein Gottes.

Rom. DI 2481. (Agneskatakombe).

470.

Aureli Varro, dulcissime et desiderantissime co(n)iux, pax tibi, benedicte!

Aurelius Varro, süßester, heißbegehrter Gatte, Friede sei dir, Gesegneter!

Rom. DI 2260. (Priscillakatakombe).

471.

Dulcissimo Antistheni coniugi suo refrigerium!

Dem holdesten Antisthenes, ihrem Gatten, Erquickung!

Rom. DI 1565 A.

472.

Bolosa, deus tibi refrigeret!

Bolosa, möge dich Gott erquicken!

Rom. DI 2309.

473.

Hic requiescit in somno pacis Iustina abbatissa, fundatrix sancti loci huius, quae vixit plus minus annos LXXXV.

Hier ruht in friedlichem Schlafe Äbtissin Justina, Gründerin dieser heiligen Stätte; sie lebte gegen 85 Jahre.

Capua. DI 1651. Jahr 569.

474.

Aus der Grabschrift der Augustonia Cassia Marcia

Quaequae dum explesset fati sui laborem, meliora sibi sperans vitam functa est ...

Nachdem sie ihr mühseliges Los erfüllt hatte, starb sie, Besseres sich erhoffend ...

Bad Deutsch Altenburg-Carnuntum. DE 9093. 3.Jh.

475.

† Tumolant hic marmora cultum Leutegondes, in albis rapta, q(uius) anma in pace Christi quiescit.

† Die edle Leutegonde deckt hier der Marmor, im weißen Taufkleid dahingerafft, deren Seele im Frieden Christi ruht.

Mainz-Moguntiacum. DI 1543.

476.

Valerius M. l. Philologus Qutia Silvana ucxsor. Virum ecxspecto meum.

Valerius Philologus, Freigelassener des Marcus; Cutia Silvana seine Frau. Ich erwarte meinen Mann.

Narbonne-Narbo. CIL XII 5193.

477.

Dalmatius in pace et paradissu, fidelis in Deo.

Dalmatius im Frieden und im Paradies, treugläubig in Gott.

Carthago. DI 3451. 4.Jh.

478.

Grab der Castula

Puella an(norum) XLVIII properans kastitatis sumere premia digna meruit inmarcibile(m) corona(m). Perseverantibus tribuet deus gratia(m). In pace.

Jungfrau, 48 Jahre alt, verdiente, im Eifer die der Keuschheit würdige Belohnung in Empfang zu nehmen, einen unverwelklichen Kranz. Den Standhaften möge Gott Gnade gewähren. In Frieden.

Thabraea (Nordafrika). CE 1617. DI 2031. M. A.

479.

☧ Martures Simplicius et Faustinus, qui passi sunt in flumen Tibere et positi sunt in cimiterium Generoses super Filippi.

☧ Die Martyrer Simplicius und Faustinus, die im Tiberfluß den Tod erlitten und beigesetzt wurden im Friedhof der Generosa auf dem Grundstück des Philippus.

Rom. DI 2000.

480.

[Vict]or in pace, filius episcopi Vicxoris ... Depositus in basilica sancto[rum] Nasari et Naboris secundu arcu iuxta [f]enestra.

Victor in Frieden, Sohn des Bischofs Victor ... Bestattet in der Kirche der Heiligen Nazarius und Nabor beim Bogen neben dem Fenster.

Rom. DI 2144.

481.

Benemerenti in pace. Silvana, quae hic dormit, vixit ann(os) XXI mens(es) III hor(as) IIII scrupulos VI.

Der Wohlverdienten, die im Frieden ruht. Silvana, die hier schläft, lebte 21 Jahre, 3 Monate, 4 Stunden, 6 Minuten.

Rom. DI 4587.

482.

Presbyter hic voluit Sisinnius ponere membra
omnibus acceptus populis dignusque sacerdos,
qui sciret sanctae servare foedera matris
blandus amore dei, semper qui vivere nosset
contentusque suo nesciret divitis aulam.

Hier ist ein Priestergrab, Sisinnius wollte hier ruhen,
überall war er beliebt, er war ein würdiger Priester,
der es verstand, das Gesetz der heiligen Kirche zu wahren,
fesselnd durch Liebe zu Gott, er wußte immer zu leben,
sein Besitz war ihm genug, das Haus des Reichen vermied er.

Rom. CE 759. DI 1134. Hdschr. überl. Hex.

483.

Grab des i. J. 381 in Rom beigesetzten Priesters Celerinus

Praesbyter hic situs est Celerinus nomine dic[tus,
corporeos rumpens nexus qui gaudet in astris.

Hier liegt begraben ein Priester, mit Namen genannt Celerinus,
sprengend des Körpers Fesseln freut er sich jetzt in den Sternen.

Rom. CE 668. DI 1129. Hex.

484.

Von Papst Damasus verfaßte Grabschrift auf den Martyrer Laurentius

Verbera carnificis flammas tormenta catenas
vincere Laurenti sola fides potuit.
Haec Damasus cumulat supplex altaria donis
martyris egregii suspiciens meritum.

Hiebe von Henkershand, dann Feuer, Folter und Ketten,
aber des Glaubens Glut brachte Laurentius Sieg.
Diesen Altar bedeckt Damasus bescheiden mit Gaben;
Märtyrer, dein Verdienst sei hier, dein größtes, verehrt.

Rom. CE 903. DI 1992. 4. Jh. Hdschr. überl. Dist.

485.

Grabschrift des Papstes Damasus

Qui gradiens pelagi fluctus compressit amaros,
vivere qui praestat morientia semina terrae,
solvere qui potuit letalia vincula mortis,
post tenebras fratrem post tertia lumina solis
ad superos iterum Marthae donare sorori,
post cineres Damasum faciet quia surgere credo.

Er, der die feindlichen Wellen des Sees überschreitend gebändigt,
er, der die schlummernde Saat im Boden vermag zu erwecken,
er, der die Kraft besaß die Todesbande zu lösen,
nach dem Dunkel der Nacht am dritten Tag nach dem Tode
lebend den Bruder dem Licht und der Schwester Martha zu schenken,
Damasus läßt er dereinst aus der Asche, ich glaub' es, erstehen.

Rom. DI 969. Ca. 380 n. Chr. Hex.

486.

Helpis dicta fui, Siculae regionis alumna,
quam procul a patria coniugis egit amor,
quo sine maesta dies, nox anxia, flebilis hora,
nec solum caro sed spiritus unus erat.
Lux mea non clausa est tali remanente marito,
maiorique animae parte superstis ero.
Porticibus sacris iam non peregrina quiesco
iudicis aeterni testificata thronum,
ne qua manus bustum violet, nisi forte iugalis
haec iterum cupiat iungere membra suis,
ut thalami tumulique comis* nec morte revellar
et socios vitae nectat uterq(ue) cinis.

* comes.

Elpis war ich genannt, Sizilien war meine Heimat,
weit vom Vaterland weg trug mich die Liebe zum Mann;
fern von ihm war mir traurig der Tag, war bitter die Stunde,
öde die Nacht, wie das Fleisch war auch die Seele vereint.
Immer strahlt mir das Licht auch fern vom Gatten, dem edlen,
mit meinem besseren Selbst leb' ich auch weiterhin fort.
Mit dem himmlischen Reiche vertraut leb' ich weiter im Frieden;
ewiger Richter, es sei mir auch ein Zeuge dein Thron,
daß man berühre dies Grab, nur wenn genehm es dem Gatten
und er es wünschte, daß unser Gebein sich berührt,
daß nun den Bund zwischen Ehe und Grab auch der Tod nicht zerstöre,
und was im Leben, es sei auch in der Asche vereint.

Rom. CE 1432. DI 3484. Ca. 500 n. Chr. Hdschr. überl. Dist.

487.

Grab des Philosophen Aulus Egnatius Priscillianus

Dum vixi, didici quae mors, quae vita homini esset,
aeterna unde animae gaudia percipio.

Dauernd lehrt' ich, was Leben, was Tod dem Menschen bedeute;
in meiner Seele ist nun dauernde Freude der Lohn.

Rom. CE 1250. DE 7782. Dist.

488.

Grab der Abundantia

Laeta, doli expers, culpa procul, insons honesta
astrigeram scandit alma viam caeloque recepta
hic vitae metas, hic inania membra reliquit.

Froh, schuldlos, ohne Falsch, wie ein Kind so rein, voller Sitte
steigt sie den Sternenpfad empor, willkommen im Himmel,
ließ hier zurück die Pfade der Welt, die toten Gebeine.

Mailand-Mediolanum. CE 740. DI 3413. Hex.

489.

Respicis angustum precisa rupe sepulcrum:
hospitium Romuli levite est celestia regna tenentis.

Schmal ist das Grab, das du siehst, aus jähem Felsen gehauen:
Romulus der Levit, ein Gast des himmlischen Reiches.

Avellino-Abellinum. CE 788. DI 1235. Hex.

490.

Ursiniano subdiacono sub hoc tumulo ossa quiescunt,
qui meruit sanctorum sociari sepulcrum,
quem nec Tartarus furens nec poena saeva nocebi[t.
Hunc titulum posuit Ludula dulcissima coniux.

Ursinian, der Subdiacon, in dem Hügel hier ruht er,
der es verdient, daß den Heiligen nah auch liege sein Grabmal,
den die tobende Hölle verschont und schreckliche Strafen.
Ludula setzte den Stein, des Toten liebe Gemahlin.

Trier-Augusta Treverorum. CE 773. DI 3453. Hex.

491.

Aus der Grabschrift des Bischofs Namatius

Pauper laetus abit, nudus discedit opertus,
captivus plaudit liber sese esse redemptum,
cuius agit grates tantoque antistite gaudet.
Inter se adversos illata pace repressit.
Perfugium miseris erat et tutela benignis,
nobilis eloquio et stemmate nobilis alto,
nobilior meritis et vitae clarior actu.
Vivat ut aeternum et Christi gratetur amore.

Froh ging der Arme von ihm, der Nackte verließ ihn bekleidet,
frei der Gefangene jauchzt, daß er losgekauft aus dem Kerker,
dafür sagt er nun Dank und freut sich des herrlichen Bischofs.
Feinde versöhnte er, nachdem er Frieden gestiftet.
Zuflucht bot er im Leid und Schutz auch gab er den Reichen,
edel durch Redekunst und edel durch Alter des Hauses,

edler noch durch seinen Wert, durch Lebensführung noch größer.
Mög' er im ewigen Licht der Liebe Christi sich freuen.

Vienne (Südfrankreich)-Vienna. E. Le Blant: Inscriptions chrétiennes de la Gaule (Paris, 1856) no. 425. 522 n. Chr. Hex.

492.

Castitas, fides, caritas, pietas, obsequium
et quaecumque deus faeminis inesse praecepit,
his ornata bonis Sofroniola in pace quiescit.
Martinianus iugalis eius titulum ex more dicabit*.

Keusch, gehorsam und treu, auch fromm und liebenden Herzens,
und was immer auch Gott den Frauen zu pflegen befohlen,
mit diesen Gütern geschmückt Sofroniola ruhet in Frieden.
Martinian, ihr Gatte, nach Sitte weihte die Grabschrift.

Vienne (Südfrankreich)-Vienna. CE 765. DI 3579. Hex.

---

* dicavit.

493.

Hoc iacet in tumulo sacrata Georgia Christi
  et divota bonis mente fide merito.
Ob quam magna patrem premeret cum turba procorum,
  illa deum legit feliciore toro.

Christi geweihte Braut liegt hier im Grabe, Georgia,
  reich an Besitz und Geist, gläubig und reich an Verdienst.
Freier in großer Zahl bestürmten ständig den Vater,
  sie aber wählte Gott — glücklicher schien ihr dies Band.

Clermont-Augustonometum. CE 2132. DI 1699.
Verschollen. Dist.

e. ALLGEMEINE LEBENSWEISHEIT

Gedanken von allgemein menschlichem Charakter kommen auf Grabschriften nicht sehr häufig vor. Einige wenige auf Totenmälern stehende Lebenswahrheiten seien angeführt.

494.

Quomodo mala in arbore pendunt, sic corpora nostra:
aut matura cadunt aut cito acerva* ruunt.

Wie die Äpfel am Baum sind auch die menschlichen Leiber:
entweder fallen sie reif, oder, noch unreif, zu früh.

Rom. CE 1490. Dist.

---

* acerba.

495.

Aspice quam subito marcet, quod floruit ante,
aspice quam subito, quod stetit ante, cadit.
Nascentes morimur finisque ab origine pendet.

Sieh, wie plötzlich verwelkt, was zuvor gestanden in Blüte,
sieh, wie rasch es doch fällt, eben stand es noch fest.
Kaum geboren, schon tot, das Ende kommt mit dem Anfang.

Tarragona-Tarraco. CE 1489. Dakt.

496.

Vos ego nunc moneo, semper qui vivitis avare:
nudus natur(a) fueras a matre creatus,
nudus eris. Obitis gratia nulla datur.

Euch ermahne ich jetzt, die immer geizig ihr lebet:
Nackt warst du von Natur, als dich die Mutter geboren,
nackt wirst du sein. Nach dem Tod wird keine Gnade gewährt.

Rom. CE 1494. Dakt.

497.

Mater genuit materque recepit.

Mutter Erde hat mich geboren und wieder in ihren Schoß aufgenommen.

Vardagate-Terruggia. CE 809. M. A.

498.

Si quit bis* facere, te bibo** fac dulciter.

Willst etwas leisten, tu's, solang du lebst, vergnügt!

Ostia. CE 189. Iamb.

---

* vis. ** vivo.

499.

Sumus mortales, immortales non sumus.

Wir sind doch Sterbliche, unsterblich sind wir nicht.

Modena-Mutina. CE 191. Iamb.

500.

Vivite felices, quibus est fortuna beata.

Lebet im Glücke, denen beschieden ein günstiges Schicksal!

Szöny (Ungarn)-Brigetio. CE 805. 3./4. Jh. Hex.

501.

Quat* valeas, (h)abeas, pascas, multos tu habebes amicos.

Hast du Gesundheit und Geld und Nahrung, hast du auch Freunde.

Arles-Arelate. CE 470. Dakt.

---

* quoad.

502.

Papilio volita(n)s texto religatus aran(e)ist:
illi praeda rep(e)ns, huic data mors subitast.

Fliegender Schmetterling*, im Netz der Spinne gefangen:
ihr war's ein schneller Gewinn, ihm aber plötzlicher Tod.

Rom, jetzt Florenz. CE 1063. Dist.

---

* = Seele.

503.

Viator, viator, quod tu es, ego fui; quod nunc sum, et tu eris.

Wandrer, Wandrer, was du bist, bin ich gewesen; was ich jetzt bin, wirst auch du sein.

Fano-Fanum Fortunae. CIL XI 6243. M. A.

504.

Grab des M. Statius Chilo

Cum diu ambulareis*, tamen hoc veniundum est tibi.

Wenn du auch lange wanderst, mußt du doch kommen hieher.

Cremona. CE 119. 1. Jh. v. Chr. Iamb.

---

* ambulaveris.

VII. TRAGISCHES SCHICKSAL

Als Ursachen des Todes werden auf Grabschriften hohes Alter oder Krankheit kaum erwähnt. Der Leser eines Leichensteines wurde aber gerührt, wenn er von Unglücksfällen und außergewöhnlichen Schicksalsschlägen, von einem unvorhergesehenen Tode hörte.

505.

Daphnus et Chryseis, Laconis liberti, Fortunato suo, v(ixit) a(nnis) VIII balneo Martis piscina perit.

Daphnus und Chryseis, Freigelassene des Laco, ihrem Fortunatus; er lebte 8 Jahre und ertrank im Bassin des Marsbades.

Rom, jetzt Florenz. DE 8518.

506.

Memoriae M. Noni Placidi v(ixit) a(nnis) XXVII m(ensibus) VIII d(iebus) XII, ab anno aetatis suae XII oculis patentibus vidit nihil.

Zum Gedächtnis an Marcus Nonius Placidus, er lebte 27 Jahre, 8 Monate, 12 Tage; vom 12. Lebensjahr an sah er nichts, auch mit offenen Augen.

Rom. DE 8479.

507.

[H]ilarioni et Revocate fratribus..., qui in se i[n] mare perierunt.

Dem Hilario und der Revocata, den Geschwistern..., die gemeinsam Opfer des Meeres wurden.

Brazza (Dalmatien)-Brattia. DE 8517.

508.

D. M. Iul(iae) Restutae infelicissimae interfectae annor(um) X caus(a) ornamentor(um).

Den Manen der höchst unglücklichen Julia Restuta, mit 10 Jahren wegen ihres Schmuckes ermordet.

Salona. DE 8514.

509.

C. Tadio Seve[ro] abducto a latronib[u]s ann(orum) XXXV...

Dem Gaius Tadius Severus, von Räubern verschleppt, 35 Jahre alt...

Salona. DE 8506.

510.

Seio Dalmate homini bono, [q]ui incendio [o]ppressus est, Aurelia Victorina uxor.

Dem Seius Dalmata, dem guten Menschen, der bei einem Brande umkam, Aurelia Victorina, Gattin.

Salona. DE 8519.

511.

Plotiae M. f(iliae) Primae annorum nata XIII. Nupta fuit dies C.

Grab der Plotia Prima, Tochter des Marcus, 13 Jahre alt. Sie war nur 100 Tage verheiratet.

Canelli. CIL V 7539.

512.

Grab des Philumenos und der Eutychia

Qui cum simul quietem sani petissent, in complexu pari exanimes inventi sunt.

Sie wurden, nachdem sie in voller Gesundheit die Nachtruhe gesucht hatten, einträchtig beisammen entseelt aufgefunden.

Vercelli. DE 8476.

513.

Ego pater Vitalinus et mater Martina scribsimus non grandem gloriam, sed dolum filiorum. Tres filios in diebus XXVII hic posuimus: Sapaudum filium, qui vixit annos VII et dies XXVI, Rusticam filiam, qui vixit annos IIII et dies XX, et Rusticula filia, qui vixit annos III et dies XXXIII.

Ich, Vitalinus der Vater, und Martina die Mutter, bringen zum Ausdruck keine große Verherrlichung, sondern Täuschung durch die Kinder. Drei Kinder haben wir innerhalb 27 Tagen hier bestattet: den Sohn Sapaudus, der 7 Jahre, 26 Tage lebte, die Tochter Rustica, die 4 Jahre, 20 Tage lebte, und die Tochter Rusticula, die 3 Jahre, 33 Tage lebte.

Vienne (Südfrankreich)-Vienna. CIL XII 2033.

514.

Latro ser(vus) annorum XII, a vipe[ra] percussus septimo die per[it].

Der 12jährige Sklave Latro starb an einem Schlangenbiß am siebenten Tage.

Peruggia-Perusia. DE 8521.

515.

D. M. et quieti aeternae Iuliae Maianae feminae sanctissimae manu mariti crudelissim(i) interfect(ae)...

Den Manen und der ewigen Ruhe der Julia Maiana, der unantastbaren Frau; sie wurde von der Hand des grausamsten Gatten getötet...

Lyon-Lugdunum. DE 8512.

516.

M. Iul(io) Serano in itinere urb(ano) defuncto et sepulto.

Dem Marcus Julius Seranus, auf einer Reise in die Stadt gestorben und begraben.

Coimbra-Coimbriga. DE 7337.

517.

M. Clodius Macer ann(orum) XX iugulatus hic situs est.

Marcus Clodius Macer, 20 Jahre alt, erdrosselt, ist hier begraben.

Rusicade (Numidien). CIL VIII 8036.

518.

Calliste vixit annis XVI me(n)s(es) III hor(as) VI et S*, nuptura Idibus Oct. moritur IIII. Idus Oc[t].

Calliste lebte 16 Jahre, 3 Monate und 6½ Stunden, sie wollte am 15. Oktober heiraten und stirbt am 12. Oktober.

Tipasa (Mauretanien). DE 8529a.

* = semes halb.

519.

Ummidiae manes tumulus tegit iste simulque
Primigeni vernae, quos tulit una dies;
nam Capitolinae compressi examine turbae
supremum fati competiere diem.

Ummidias und Primigens Manen deckt dieser Hügel,
Sklave war er von ihr: *ein* Tag nahm beide dahin;
denn erdrückt vom Gedräng der kapitolinischen Menge,
fanden den letzten Tag sie ihres Loses zugleich.

Rom, jetzt Neapel. CE 1159. Dist.

520.

Parvolus in gremio comunis forte parentis
dum ludit, fati conruit invidia;
nam trucibus iunctis bubus tum forte noveli(s)
ignarum rector propulit orbe rota(e).

Als das Knäblein im Schoß der gemeinsamen Mutter, der Erde,
spielte, ging es dahin rasch durch den Neid des Geschicks;

denn der Fuhrmann eines störrischen Ochsengespannes
stieß das nichtsahnend' Kind nieder mit seinem Rad.

Ostia, jetzt Rom. CE 1059. 1.Jh. Dist.

521.

Aus der Grabschrift des Viehzüchters Jucundus

Vivere non potui plures XXX per annos,
nam erupuit servos mihi vitam et ipse
praecipitem sesse deiecit in amnem.
Apstulit huic Moenus, quod domino eripuit.
Dreißig Jahre, nicht mehr konnt' ich im Leben erreichen,
denn ein Sklave hat mich ums Leben gebracht, und er selber
stürzte kopfüber sich dann in den Fluß, so kam er ums Leben.
Was seinem Herrn er entriß, das hat der Main ihm geraubt.

Mainz-Moguntiacum. CE 1007. Dakt.

522.

Aus der Grabschrift der Solida

Clara genus et pulcra gena sed plena pudoris,
hic iacet extremum fatis opressa sinistris.
Hec eadem una nox dedit talamosque necemque.
Herkunft gut, die Wangen voll Blut, doch schamvoll im Wesen,
sie liegt hier, zuletzt von düsterem Schicksal vernichtet.
Brautnacht und Todesnacht, für sie fiel beides zusammen.

Aquileja. CE 640. DI 176. 4. Jh. Hex.

523.

Aus der Grabschrift der Fortunata

Hic Fortuna iaces casu prostrata ruinae:
heu dulcis coniunx, me magis illa premit.
Hac quoque nata iacet Petronia sorte perempta,
quam tecum iunxit mortis acerva dies.

Fortunata liegt hier, beim Sturz einer Mauer erschlagen:
Da du als Gattin mir süß, drückt mich noch schwerer der Sturz.
Hier liegt Petronia auch, vom gleichen Schicksal betroffen,
meine Tochter, sie traf mit dir der bittere Tod.

Salerno-Salernum. CE 1440. DI 170. Dist.

524.

Grab der Veturia

Unicuba uniiuga
quae post sex partus uno superstite obii.
Nur eines Mannes Weib, nur unter einem Joch.
Von sechs Kindern nahm fünf der Tod, nun folge ich auch gern.

Budapest-Aquincum. CE 558. 3. Jh. Dakt.

525.

Grab eines jungen Mosaikarbeiters

Dum varias cupit spec[ies] museo figere in alto
decidit et Hermas hoc nunc est pondere clausus
aeternasq(ue) lacrimas reliquit Carpo parenti.
Hermas, dabei, hoch oben edlen Bildschmuck zu schaffen,
stürzte herab vom Gerüst, und in tiefer Gruft nun verschlossen
ließ er Carpus, dem Vater, zurück unlöschbare Tränen.

Benevent. CE 462. Hex.

VIII. GROLL GEGEN SCHICKSAL UND GOTTHEIT

Das Schicksal, fatum, wird angeklagt, daß es einen Toten zu früh abberufen habe. Doch dieses greift mit unerbittlicher Gewalt ins Menschenleben ein. Auch Fortuna regiert die menschlichen Dinge, sie hat einen zwiefältigen Charakter und freut sich über verwirrte Menschenschicksale und enttäuschte Hoffnungen. Sie kann also dem Menschen als bösartige Fortuna schaden. Auch den grausamen Parzen gegenüber ist der Mensch machtlos, sie rauben ihm das Leben, wann es ihnen gutdünkt. Noch öfter werden den göttlichen Mächten Vorwürfe gemacht. Die mißgünstigen Götter werden getadelt, die einem Menschen mehr Güter gegeben haben, damit sie ihm mehr entreißen könnten. Drohungen gegen die feindlichen Unterweltsgottheiten, den wilden Pluto und die harte Persephone, finden wir häufig; denn auch sie vernichten das Glück des Menschen.

526.

Grab der Prokope

Procope: manus* lebo contra deum, qui me innocentem sustulit, quae vixit an(nos) XX.

Prokope: Meine Hände erheb' ich gegen Gott, der mich Unschuldige hinweggenommen hat im Alter von 20 Jahren.

Rom. DE 8498. DI 1609.

---

* Zur Bekräftigung ihrer Worte sind auf der Grabplatte zwei Hände eingemeißelt.

527.

Dis iniquis, qui rapuerunt animulam tam innocuam L. Tetti Alexandri.

Den feindlichen Göttern, die das so unschuldige Seelchen des L. Tettius Alexander hinweggerafft.

Rom, jetzt Neapel. DE 5091.

528.

Grab der Mevia Sophe

Nunc queror aput manes eius et flagito Ditem: aut et me reddite coniugi meae, ... Mevia Sophe, impetra, si quae sunt Manes, ne tam scelestum discidium experiscar diutius.

Jetzt klage ich bei ihren Manen und beschwöre den Unterweltsgott: entweder gebt mich meiner Frau wieder, ... oder du, Mevia Sophe, erwirke, wenn es wirklich Manen gibt, daß ich so eine zum Himmel schreiende Trennung nicht länger zu tragen habe.

Rom. CE 2170. DE 8190.

529.

Aemilius Pudens mil(es) leg(ionis) VII Gem(inae) Fel(icis). Pater filio piissimo fe(cit). Horco nequa(m).

Aemilius Pudens, Soldat der 7. Legion Gemina Felix. Der Vater errichtete seinem lieben Sohn das Grabmal. Orkus, dir fluch' ich!

Merida (Spanien)-Emerita. CIL II 488.

530.

Nomen qui retinens tu(um), magnus Alexander,
Pallados inventum medicinalemq(ue) laborem
  quot feci, studio proximus ipse meo,
testor nunc superos: non hoc meruisse videbar,
  in volnus genoris quot subito occidimus.

I nunc et dubias fatorum neclege clades.
Coniunx, quod potuit titulum mihi reddidit uni.

Der deinen Namen ich trag', du großer Arzt Alexander,
weil in Athenens Geist auch ich als Arzt mich betätigt',
weil ich aus Herzensbedarf dir doch so nahe kam,
Götter, beschwör ich euch jetzt: „Das hab' ich nimmer verschuldet,
daß ich ein Leiden des Knies gleich mit dem Tode bezahl'."
Geh nun, dies seltsam Geschick soll dich nicht weiter bedrücken!
Dies, so gut sie's vermocht', schrieb die Frau ihrem einzigen Gatten.

Rom. CE 1253. 2. Jh. Dakt.

531.

Atrox o Fortuna, truci quae funere gaudes,
quid mihi tam subito Maximus eripitur?

Grausames Weib, Fortuna, du freust dich am schrecklichen Tode!
Was wirst so plötzlich du mir, Maximus, Liebster, entführt?

Rom. CE 1065. Dist.

532.

Quid prodest vixisse in amabilitate facetum
cunctaque blanditiis emeruisse suis?
Num potuit dilectus ob haec perducere lucem
longius? Heu Ditis foeda rapina feri.

Was hilft's, liebenswürdig gelebt zu haben und witzig,
wenn jedes Herz man gewinnt durch seine schmeichelnde Art?
Konnte daher, du Lieber, dein Lebenslicht dir nicht länger
brennen? O weh! O weh! Pluto, dein schändlicher Raub.

Rom. CE 1066. 1. Jh. Dist.

533.

Hospes resiste et tumulum hunc excelsum aspic[e,
quo continentur ossa parvae aetatulae*.
Sepulta heic sita sum, verna quoius aetatula.
Gravitatem officio et lanificio praestitei.
Queror fortunae cassum tam iniquom et grave[m.
Nomen si quaeras, exoriatur Salviae.
Valebis hospes, opto ut seis felicior.

Bleib stehen, Wandrer, schau den hohen Hügel an,
die Knochen liegen eines kleinen Mägdleins hier.
Da ruh' ich nun, mein Leben stand im Frühling noch.
Ernst nahm ich beides, Hausarbeit und Weberei.
Das Schicksal klag' ich an als schwer und ungerecht.
Den Namen fragst du? Schon erklingt er: Salvia.
Sollst leben, Fremdling, hoffentlich noch glücklicher!

Rom. CE 63. Iamb.

* Kindesalter.

534.

Funere non aequo puer immaturus obivi
marmoreisque meis his iaceo tumulis.
Non potui parvus puerilem implere iuventam
nec vestire meam flore novo faciem
nec senior capiti niveos mutare capillos:
at fati victus sorte puer perii.
Heu crudele nefas! Quae me generaverat hora,
haec eadem vitae terminus hora fuit.

Durch ein widrig Geschick starb ich als Knabe noch unreif
und jetzt bin ich verbannt hier in dies Marmorgrab.
Klein wie ich war, konnt' ich nicht die Knabenjahre vollenden
und mein Gesicht auch nicht schmücken mit sprossendem Bart,
hab' auch kein weißes Haar auf meinem Scheitel gesehen.
Nein; denn vom Schicksal besiegt, ging ich als Knabe dahin.

O du grausames Los! Die Stunde, die mich geboren,
hat vernichtend das Ziel auch meinem Leben gesetzt.

Rimini-Ariminum. CE 1170. Dist.

535.

Grab des Hipponicus

Ut primum adolevit pollens viribus, decora facie,
Cupidinis os habitumque gerens,
nec metuam dicere: Apollineus,
huic expletis ter centum ter denisque diebus
invisae Parcae sollemnem* celebrare diem*,
iamque ut esset gratus amicis,
invidia superum cess[a]vit amari.

Als er herangewachsen war, stark an Kräften, von schönem Antlitz,
Gesicht und Haltung Cupidos zur Schau tragend,
und ich möchte mich nicht scheuen ihn apollinisch zu nennen,
vergönnten ihm die Parzen nicht, nachdem er schon 330 Tage
vollendet, den festlichen Tag zu feiern,
und als er schon seinen Freunden lieb war,
hörte er durch den Neid der Götter auf, geliebt zu werden.

Mainz-Moguntiacum. CE 1590. 2.Jh. M. A.

* Geburtstag.

536.

Grab der Pieris

Hanc Atropos rapuit Lachesisq(ue) et tertia Clotho:
infelix mater tollit ad astra manus
incusatque deos, incusat denique Parcas,
quae vitam pensant quaeque futura canunt.
Inplerunt fratres magnis mugitibus auras,
et cuncti flebant, nec minus ante rogum.

Atropos hat sie geraubt und Lachesis, Clotho als dritte:
Mutter, unglückliche Frau, hebt zu den Sternen die Hand,

klaget die Gottheit an, klagt an auch endlich die Parzen,
sie erwägen das Jetzt und prophezeien, was kommt.
Es erfüllten die Luft mit großem Jammer die Brüder;
alle haben geweint, als man die Tote verbrannt.

Salona. CE 1141. Hdschr. überl. 2. Jh. Dist.

537.

„Crudeles Parcae, nimium!“ matercula dicit,
quoius in hoc tumulo filia parva iacet.

„Grausame Parzen, zuviel!“ ein Mütterlein sagt diese Worte,
deren Tochter, ein Kind, liegt hier bestattet im Grab.

Salona. CE 1204. Dist.

538.

Saeva parentibus eripuit Fortuna m[eis] me
nec iuenem passast ulteriora frui.
Nihl simile aspicias, timeant ventura parentes,
nec nimium matres concupiant parere.

Grausames Schicksal, du hast mich meinen Eltern entrissen,
gönntest dem Jüngling nicht weiteren Lebensgenuß.
Bleib dir solches erspart; ihr Eltern, fürchtet die Zukunft,
allzu heftig sei nicht Frauen nach Kindern der Wunsch!

Cartagena-Carthago Nova. CE 980. Dist.

539.

Eripuit nobeis undevicensumus annus
ingressum iu(v)enem militiam cupide:
Parcae falluntur, Fontanum quae rapuerunt,
cum sit perpetuo fama futura viri.

Es entriß uns das Los mit neunzehn Jahren den Jüngling,
der dem Soldatenberuf sich mit Eifer geweiht:
Irrtum der Parzen war's, die uns geraubt den Fontanus,
und es versprach doch sein Ruhm ewige Dauer dem Mann.

Sagunt-Saguntum. CE 978. 1. Jh. Dist.

IX. KLAGE UND TROSTGRÜNDE

Nach dem Hinscheiden eines geliebten Familienangehörigen kommt in den Grabgedichten natürlicherweise der Schmerz über den erlittenen Verlust zum Ausdruck. Das frühe Sterben wird oft beklagt, da die Lebenshoffnungen aufs grausamste enttäuscht wurden. Doch die Trauer der Hinterbliebenen muß gemildert werden. Oft bittet der Verstorbene selbst die Überlebenden, das Weinen zu lassen und sich mit dem Gedanken zu trösten, daß das Genommene unwiederbringlich sei. Zu langes Klagen störe die Ruhe des Toten, die Manen würden von seinem Grabe verscheucht. Die Unvermeidlichkeit des Todes bildet die Grundlage des Trostes. Da Schicksal und Tod dem Menschen in die Wiege gegeben wurden, müsse man sich damit abfinden, daß der Aufenthalt auf Erden nur kurz sei. Immer wider liest man, der Tod drohe allen Menschen. Das Leben sei den Menschen nur geliehen, es müsse der Natur, der Erde, wieder zurückgegeben werden. Im Augenblick des Todes werde diese Gabe zurückverlangt. Der Tod sei ein Naturgesetz. Ein Trost ist es auch, daß die Toten von allen Sorgen und Schmerzen des Lebens, körperlichen und seelischen, befreit sind, von Mühsal und Gefahr. Der Tod biete sichere Ruhe.

Einen besonderen Trost der Christen bildet der Glaube, daß die Seele zum Himmel fliege.

540.

Nil prosunt lacrimae nec possunt fata moveri.

Tränen nützen nichts und können das Schicksal nicht ändern.

Rom. CE 995 B. 1. Jh. n. Chr. Hex.

541.

Noli dolere, mater, eventum meum.
Properavit aetas, hoc dedit Fatum mihi.

Beklage nicht, o Mutter, daß ich ging von dir!
Die Zeit, sie eilte; solches gab das Schicksal mir.

Rom. CE 145. Iamb.

542.

Desinite extinctum dulces me flere parentes
desinite et fati tristia iura queri.

Hört, liebe Eltern, auf, den toten Sohn zu beklagen;
trauriges Schicksalsrecht, hört zu beklagen es auf!

Rieti-Reate. CE 1211. Dist.

543.

Quid lacrimas? Factum est. Vir bone, vive, vale.

Weinst du? Warum? Es geschah. Guter Mann, lebe, gedeih!

Rom, jetzt Florenz. CE 1299. Pent.

544.

Desine iam, mater, lacrimis renovare querellas;
namque dolor talis non tibi contigit uni.

Höre nun, Mutter, auf, die Klage zu mehren durch Tränen;
da ja ein solcher Schmerz nicht dich allein hat getroffen.

Rom. CE 823. Hex.

545.

Suficiunt tituli, non ego solus obi.
Grabsteine sieht man genug, starb doch ich nicht allein.

Sicca (prov. procons.) Nordafrika. CE 1240. Pent.

546.

Desine, cara soror, me iam deflere sepultum:
hoc etiam multis regibus (h)ora tulit.

Weine, Schwester, nicht mehr um mich, den hier sie bestattet:
viele Könige schon traf ein ähnliches Los.

Rom. CE 1068. 1. Jh. n. Chr. 1. Vers Lesung nach Burmann. Dist.

547.

Omnes mortales eadem nam sorte tenemur.

Gleiches Los doch uns trifft wie alle sterblichen Menschen.

Vercelli. CE 610. Hex.

548.

Quid quereris fatis mortis, carissime coniunx,
cum sit communis omnibus una via?
Desine sollicitum pectus lacerare dolore:
temporis hospitium, non solet esse diu.

Ach, was beklagst du das Los des Todes, teuerster Gatte,
da doch gemeinsam ist allen der nämliche Weg?
Gib es doch auf, das Herz, so besorgt, durch Schmerz zu zerfleischen:
Gäste des Lebens wir sind; lang aber dauert es nicht.

Ferrara. CE 998. Dist.

549.

Sum defleta satis, finem decet esse dolori;
qui semel occubuit, nulla querella iuvat.

Reichlich bin ich beklagt, nun sei der Schmerz auch beendet;
wer einmal liegt im Grab, gibt keiner Klage Gehör.

San Valentino-Interpromium. CE 1212. Verschollen. Dist.

550.

Functus honorato senio plenusque dierum
evocor ad superos: pignora, quid gemitis?

Nach einem Alter voll Ehre und reich an irdischen Tagen
komm' zu den Seligen ich: Kinder, was klaget ihr da?

Lyon-Lugdunum. CE 1277. Dist.

551.

Tempera iam genitor lacrimis tuque, optima mater,
desine iam flere. Poenam non sentio mortis;
poena fuit vita, requies mihi morte parata est.

Mäßige, Vater, die Trän' und du auch, teuerste Mutter,
höre zu weinen auf! Ich fühle den Tod nicht als Strafe;
Strafe das Leben mir war, durch den Tod wurde Ruh' mir bereitet.

Ravenna. CE 507. Hdschr. überl. Hex.

552.

Grab des Ancarenus Nothus

Quod superest homini, requiescunt dulciter ossa,
nec sum sollicitus, ne subito esuriam.
Et podagram careo nec sum pensionibus arra
et gratis aeterno perfruor hospitio.

Was vom Menschen noch bleibt, es ruhen sanft die Gebeine,
und ich sorge mich nicht, daß mich der Hunger befällt.
Hab' kein Podagra mehr, brauch' keine Miete zu zahlen
und genieße umsonst Obdach für ewige Zeit.

Rom, jetzt Verona. CE 1247. Dist.

553.

Dulcis aput Manes Zoe benedicta moraris.
Tu secura iaces, nobis reliquisti querelas.
Precesti hospitium dulce parare tuis.

Süße Zoe, du weilst gesegnet jetzt bei den Manen.
Du liegst sicher im Grab, hast uns gelassen die Klage.
Du gingst voraus, nun besorg freundliches Obdach für uns!

Rom. CE 1292. Dakt.

554.

Aus der Grabschrift der Gattin des Q. Oppius Secundus

Domine Oppi, marite, ne doleas mei, quod praecessi;
sustineo in aeterno toro adventum tuum.

Herr, Oppius, Gatte, sei nicht betrübt um mich, weil ich dir vorausgegangen;
ich harre deiner Ankunft in einem Ruhesitz der Ewigkeit.

Rom. CE 1567. 1. Jh. n. Chr. M. A.

555.

Ne doleas genitor, genetrix q(u)oq(ue) flere disiste.
Aeterna vitae gaudia proles habit.

Vater, gräme dich nicht, hör auf, meine Mutter, zu weinen!
Freuden der Ewigkeit sind dem Kind ja geschenkt.

Vienne (Südfrankreich)-Vienna. CE 1407. DI 3439. Dist.

X. BESTATTUNG UND GRABMAL

Wie bei den Griechen fand auch bei den Römern eine doppelte Art der Bestattung statt, nämlich *Begraben und Verbrennen.* Bei der Beerdigung wurde der Leichnam aus hygienischen Gründen außerhalb der Stadt in Särgen der Erde übergeben. Die kostbaren Steinsarkophage, die nur für unverbrannte Leichen bestimmt waren, wurden frei aufgestellt, meist längs der Landstraßen. Neben der Bestattung im Sarg wurde mehr oder weniger häufig auch die Verbrennung durchgeführt. Der Tote wurde mit der Bahre auf den Scheiterhaufen gehoben und mit allerlei Liebesgaben überschüttet, nicht zuletzt aber mit Räucherwerk, damit eine Belästigung der Trauernden durch den Rauch des Holzstoßes gemindert wurde. Nach der Verbrennung wurden Gebeine und Asche gesammelt, in einer Urne geborgen und im Grabmal beigesetzt. Im Anschluß daran fanden an drei verschiedenen Tagen Totenfeiern mit Schmausereien und reichen Weinspenden für den Toten statt. Neben den Opferspenden legten die Römer besonderes Gewicht auf das laute Rufen des Namens des Verstorbenen; sie glaubten nämlich, daß dieser dadurch für einen Augenblick zu den Lebenden zurückgebracht werde und für kurze Zeit dem Grabe entrissen sei. Ein dauerndes Andenken wurde dem Verstorbenen durch die jährlich wiederkehrenden Totenfeste gesichert, durch die feralia, das Fest aller Toten im Februar, und durch die parentalia, den Eltern und älteren Verwandten gewidmet. Auch die Rosen- und Veilchentage waren Gedenkfeste, die in Testamenten oft besonders angeordnet wurden.

Unter den römischen *Grabsteinen* treten zur Zeit, in der die Verbrennungen überwogen, besonders folgende Typen hervor: Die Asche wurde in einer sogenannten Aschenkiste untergebracht, einem niedrigen marmornen Behälter. Auch in größeren nochmals so hohen Aschenaltären (so genannt wegen der Ähnlichkeit mit den antiken Altären) barg man die Asche. Die oberen, meist mit Polstervoluten versehenen Aufsätze konnten abgenommen werden, so daß der Zugang für die Asche des Verstorbenen offenstand. In den Zentren römischer Provinzialkultur lassen sich eine ganze Anzahl meist 2—3 m hoher Grabaltäre nachweisen, z. B. in Aquileja. Der Grundriß dieser massiven Grabmonumente ist rechteckig. Die Grabaltäre mit ihren schmukken Fassaden und ihren zierlichen Girlanden sollten das Haus des Toten freundlich gestalten. Noch weiter verbreitet sind die Stelen, längliche, hochgestellte Steinplatten, die gewöhnlich in die Erde eingerammt oder in eine Mauer eingearbeitet wurden. Oft sind sie mit dem Bildnis des Verstorbenen oder mit einer figürlichen Darstellung aus seinem Beruf versehen. Pompeji bietet heute noch in der Gräberstraße alle Typen antiker Grabmäler dar, den einfachen Grabstein, eine schlichte Säule, einen Pfeiler, eine schmucke Mosaiknische, die halbrunde Exedra (z. B. der Priesterin Mamia) bis zum hohen Grabaltar und bis zum prunkvollen Mausoleum (z. B. der Istacidier) mit Grabstatuen und duftigen Gärtchen. Den in der Fremde Umgekommenen wurde eine Kenotaph (leeres Grab) in der Heimat errichtet, in das die Manen des Toten einkehren sollten.

Die *Aschenkrüge* fanden oft auch Aufnahme in den sogenannten Columbarien, die eine spezifisch römische Grabform darstellen; es sind Massengräber, die gewöhnlich unter der Erde für die Sklaven und Freigelassenen von Kaisern und anderen vornehmen Römern errichtet wurden. Die Urnen (urnae, ollae), die aus Ton, Terrakotta, Marmor oder Alabaster bestanden, sind in einzelnen, reihenweise übereinanderliegenden Nischen untergebracht, die ein taubenschlagähnliches Aussehen hatten. Die Aschengefäße trugen in schwarzer Farbe den Namen des Verstorbenen, oder kleine mit Nägeln befestigte Marmortäfelchen gaben darüber Auskunft. In den Weingärten südlich von Rom finden sich eine ganze Anzahl von Columbarien. Es bildeten sich nämlich auch Begräbnisgenossenschaften, die solche unterirdische Urnenhallen herstellten und die Nischen an die Hinterbliebenen von Abgeschiedenen verkauften.

Mehrere römische Geschlechter, wie die Scipionen und Cornelier, hielten seit alters an der Sitte der Beerdigung fest. Eine der ältesten römischen Begräbnisstätten waren die Scipionengräber im südlichen Rom. In den in den Tuff gehauenen unterirdischen Gängen stehen viele Sarkophage der Angehörigen dieser berühmten Geschlechter. Die *Sarkophage* waren gewöhnlich aus einem einzigen Stein hergestellt und erhielten meist auf der Vorderseite, allmählich auf allen vier Seiten einen Reliefschmuck. Sie sind entweder an den Landstraßen aufgestellt oder in Grabkammern untergebracht.

Die Christen bargen ihre Toten in den *Katakomben*, die sich innerhalb dreier Jahrhunderte zu gewaltigen Nekropolen mit endlosen Gängen entwickelten. Da die Leichenverbrennung von ihnen als heidnischer Brauch verworfen wurde, enthalten ihre unterirdischen Begräbnisstätten nur Gräber, keine Aschenurnen. Die Totengräber, fossores, schlugen in den Tuff Vertiefungen, loculi, in welche die Leichname der Länge des Körpers entsprechend gebettet wurden. In jedem der übereinander angeordneten kleinen Stockwerke konnten 3—4 Leichen beigesetzt werden, jede durch eine Steintafel von der anderen geschieden. Durch längliche Marmortafeln wurden dann die einzelnen Gräber gegen die Vorderseite hin hermetisch abgeschlossen. Auf diesen Loculus-Verschluß wurden der Name des Beigesetzten oder auch Gebete geschrieben. Die fossores, die sich zu einem Kollegium verbanden, besorgten auch den Verkauf von Grabstätten.

Außer den bis jetzt genannten großen Grabdenkmälern sind noch andere, leicht zu besuchende *monumentale Grabbauten* anzuführen. Dem Caecilia-Metella-Denkmal sehr ähnlich ist der Rundbau der Familie Plautia an der Straße von Rom nach Tivoli. Das Familiengrab ließ M. Plautius Lucanus für sich und die Seinigen errichten. Ein imposanter zylindrischer Bau ist das Grabmal des L. Munatius Plancus bei Gaeta. In Rom selbst, vor der Porta Salaria ist das Mausoleum des M. Lucilius Paetus bemerkenswert. Dieser Rundbau diente später als christliche Begräbnisstätte. Das großartigste Denkmal aber ist das Grabmal des Kaisers Hadrian, die heutige Engelsburg in Rom. Außerhalb Italiens darf der sogenannte Scipioturm bei Tarragona im nördlichen Spanien, ein gewaltiges Grabmal, nicht vergessen werden. Auch in den Rheinlanden sind einige bedeutende Grabmäler aus der Römerzeit zu finden. Unter ihnen ist das bekannteste die sogenannte Igler-Säule bei Trier, das Familiengrab der Secundiner.

556.

L. Caecilius L. l(ibertus) Syrus natus mense Maio hora noctis VI die Mercuri, vixit ann(os) VI dies XXXXIII, mortuus est IIII. K. Julias hora X. Elatus est h(ora) III frequentia maxima.

Lucius Caecilius Syrus, des Lucius Freigelassener, geboren im Monat Mai in der 6. Nachtstunde, an einem Mittwoch, lebte 6 Jahre, 43 Tage und starb am 28. Juni. Er wurde bestattet um die 3. Stunde unter größter Beteiligung.

Rom. DE 8529.

557.

Donatus Tauri German(us) hic situs est: sodales ei funus fecerunt hom(ines) CXXX✱* CCXXV, curatoribus Maximo, Helicone, Dapno.

Donatus Germanus, Sklave des Taurus, liegt hier: Kameraden besorgten ihm das Leichenbegängnis, an Zahl 130, für 225 Denare unter der Obhut des Maximus, Helico und Daphnus.

Rom. DE 7449.

---

* = denariis; Denar etwa 80 Pf.

558.

Grab des M. Ulpius Phaedimus

Reliquiae treiectae eius III. Nonas Febr. ex permissu collegii pontific(um) piaculo facto Catullino et Apro co(n)s(ulibus).

Seine sterblichen Überreste wurden übertragen am 3. Februar mit Erlaubnis des Oberpriesterkollegiums nach erfolgtem Sühnopfer, unter dem Konsulat des Catullinus und Aper.

Rom. DE 1792. Jahr 130.

559.

Auf einer Marmortafel

Hora[tius] Balb[us] municipibus [su]eis incoleisque [lo]ca sepultura[e] s(ua) p(ecunia) dat extra au[ct]orateis et quei sibei [la]queo manu attulissent et quei quaestum spurcum professi essent.

Horatius Balbus stiftet aus eigenen Mitteln seinen Gemeindemitbürgern und Einwohnern den Begräbnisplatz. Von der Bestattung ausgeschlossen seien die, welche sich als Gladiatoren verdingen, welche sich aufgehängt und welche ein schmutziges Gewerbe getrieben haben.

Sarsina. DE 7846.

560.

Loc(um) sep(ulturae) don(avit) C. Valgius Fuscus conlegio iumentarior(um) portae Gallicae posterisque eor(um) omnium et uxoribus concubinisque.

Diesen Begräbnisplatz schenkte Gaius Valgius Fuscus dem Verein der Zugviehhalter beim Gallischen Tor und allen ihren Nachkommen, Frauen und Nebenfrauen.

Fossombrone-Forum Sempronii. DE 7294.

561.

P. Pitius P. f. Marullus decurion(um) decr(eto) publice elatus sepultusque est.

Publius Pitius Marullus, Sohn des Publius, wurde nach Decurionenbeschluß auf Gemeindekosten hinausgetragen und begraben.

Veglia (Dalmatien)-Curictae. CIL III 3128.

562.

Grabschrift des P. Celerius Amandus

Hunc dec(uriones) funere publ(ico) efferendum censuer[unt] eique honores omne et turis p(ondo) XX decreverunt.

Die Ratsherren beschlossen, man solle ihn auf öffentliche Kosten bestatten, und billigten ihm alle Ehrenbezeigungen zu und 20 Pfund Weihrauch.

Ostia, jetzt Rom. DE 6136.

563.

Chrematine Numisiae ornatrix obieit VI. Eidus Octobr(es) Paullo Fabio Maximo Q. Aelio co(n)s(ulibus). Ossua conlecta* IV. Idus Oct(obres).

Chrematine, Sklavin der Numisia, Friseuse, starb am 10. Oktober unter dem Konsulat des Paullus Fabius Maximus und Quintus Aelius. Ihre Gebeine wurden gesammelt am 12. Oktober.

Pozzuoli-Puteoli. DE 7841d. Jahr 10 v. Chr.

---

* nach der Verbrennung.

564.

Flaviae Iuliosae coniugi vix(it) an(nis) XXVII M. Servilius Fortunatus a militiis, qui per maria et terras retulit reliquias coniugis ex provincia Dacia.

Der Flavia Juliosa, seiner Gattin — sie lebte 27 Jahre — Marcus Servilius Fortunatus, Adjutant, der ihre Überreste über Land und Meer aus der Provinz Dazien heimgebracht hat.

Lambaesis (Numidien). CIL VIII 2772.

565.

Calendioni patri piissimo. Vixit annis XXXV. Ut bene et merito credatur procreasse filium, post multum temporis intervallum reliquias recollectas tumulum tibi constitui aeternae domus ego Primus, Aug(usti) nostri adiutor tabul(ariorum) filius.

Seinem verehrungswürdigen Vater Calendio. Er lebte 35 Jahre. Damit man billig und mit Recht glaube, er habe einen Sohn gezeugt, habe ich nach langer Pause die Überreste gesammelt und dir den Grabhügel für die ewige Behausung errichtet, ich Primus, unseres Kaisers Hilfsarchivar, Sohn.

Djerma (Numidien). DE 8082a.

566.

Fabia Domitia Secunda sarcophago data. S(it) t(ibi) t(erra) l(evis).

Fabia Domitia Secunda dem Sarkophag übergeben. Möge dir die Erde leicht sein!

Cadix-Gades. CIL II 1806.

567.

L. Vibius Fortunatus v(ixit) a(nnos) LX in hanc ollam conditus.

Lucius Vibius Fortunatus, 60 Jahre alt, in dieser Urne beigesetzt.

Rom. CIL VI 28807.

568.

Inschrift einer Marmorurne

Ἀποτάφων ταφών.

Der Grablosen Grab (Heimat für Schiffbrüchige?)

Rhodos, jetzt Brit. Museum. Syll.[3] 1258, IG XII 1, 656.

569.

Τῶν κατὰ τὸν σεισμὸν τελευτασάντων.

(Sammelgrab) der bei dem Erdbeben Umgekommenen.

Rhodos. Syll.[3] 505, IG XII 1, 708. Ca. 227 v. Chr.

570.

Ti. Claudius Proculus Ti. f(ilius) Quir(ina) v(ixit) a(nnis) VI.

Tiberius Claudius Proculus, des Tiberius Sohn, aus der Tribus Quirina, lebte 6 Jahre.

Rom. CIL VI 5556.

571.

Diis Manibus Iuliae Pantheae Diadumenus et Plocanus sua p(ecunia).

Den Unterweltsgöttern der Julia Panthea Diadumenus und Plocamus aus eigenen Mitteln.

Rom. CIL VI 20595.

572.

P. Iulius Primus hic situs est cum suis. S(it) t(ibi) t(erra) l(evis). Columbaria possideo numero VI dextra et sinistra.

Publius Julius Primus liegt hier mit den Seinen. Möge dir die Erde leicht sein! Ich besitze Nischen, 6 an Zahl, zur Rechten und zur Linken.

Adra (Spanien)-Abdera, jetzt Granada. CIL II 2002.

573.

Aus der Grabschrift des Veteranen P. Cerennius Severus

Cum sibi in funus et monimentum HS II mil(ia) erogari cavisset, P. Cerennius Primitivos filius et Cerennia Hilara lib(erta) adiectis de suo HS D n(umero).

Da er testamentarisch angeordnet hatte, daß für sein Begräbnis und Grabmal nur 2000 Sesterze verausgabt würden, fügten sein Sohn Publius Cerennius Primitivus und die Freigelassene Cerennia Hilara von eigenem noch 500 Sesterze hinzu.

Lambaesis (Numidien). CIL VIII 3079.

574.

M. Aemilius Artema fecit M. Licinio Successo fratri bene merenti et Caeciliae Modestae coniugi suae et sibi et suis libertis libertabusq(ue) posterisq(ue) eorum, excepto Hermete lib(erto), quem veto propter delicta sua aditum ambitum, ne ullum accessum habeat in hoc monumento.

Marcus Aemilius Artema errichtete das Grabmal seinem wohlverdienten Bruder Licinius Successus, für seine Gattin Caecilia Modesta, für sich, seine Freigelassenen beiderlei Geschlechts und deren Nachkommen, ausgenommen den Freigelassenen Hermetes, dem ich wegen seiner Verbrechen den Zugang und Gang um das Grab verbiete, damit er keinerlei Zutritt zu diesem Grabmal habe.

Rom. DE 8285.

575.

Fabius Zoilus sibi e[t] Corsuadulliae Primillae maritae karissim[ae]. Viv(us) ut haberemus feci.

Fabius Zoilus für sich und seine heißgeliebte Gattin Consuadullia Primilla. Zu Lebzeiten ließ ich das Grab machen, damit wir es haben.

Aps (Südfrankreich)-Alba Helvorum. CIL XII 2707.

576.

Aurelius sibi et Aureliae Successae coniugi vive, sibi et suis vi(v)us fecit eo quod mihi defuncto nemo facturus erat.

Aurelius für sich und seine Gattin Aurelia Successa zu ihren Lebzeiten. Für sich und die Seinigen machte er das Grab zu Lebzeiten, deshalb weil mir nach meinem Tode es doch niemand tun würde.

Trier-Augusta Treverorum. CIL XIII 3720.

577.

Auf dem von Claudia Severa errichteten Familiengrab

Ad rosas et profusiones qu(otannis) fac(ienda) HS n(ummum) LX milia dedit.

Zur jährlichen Rosen- und Trankopferspende stiftete sie 60000 Sesterze.

Riva-Vallis Giudicaria. CIL V 4990.

578.

Aus der testamentarischen Bestimmung eines Unbekannten an seine Freigelassenen

... ut ex reditu eius insulae quodannis die natalis sui et rosationis et violae et parentalib(us) memoriam sui sacrificis quater in annum factis celebrent et praeterea omnib(us) k(alendis), nonis, idibus suis quibusq(ue) mensib(us) lucerna lucens sibi ponatur incenso inposito.

... Aus den Einkünften dieses Miethauses sollten sie alljährlich an seinem Geburtstag, dem Rosen- und Veilchentag und an den Totenfesten durch viermal im Jahr dargebrachte Opfer sein Gedächtnis feiern, und außerdem sollte an allen Kalenden, Nonen und Iden jeden Monats eine brennende Lampe für ihn aufgestellt werden mit Weihrauch darinnen.

Rom. CIL VI 10248.

579.

In hoc monimento ali inuri licet nulli nisi quorum nomina s(cripta) s(unt).

Auf diesem Grabplatz darf niemand verbrannt werden außer den hier namentlich Verzeichneten.

Canosa-Canusium, jetzt Neapel. DE 8263.

580.

Huic mon(umento) dol(us) mal(us) abesto.

Diesem Grab soll schlimme List fernbleiben! (Übliche Formel).

Rom. DE 8222.

581.

Et si qui dolo malo temtet, recedat ab hoc sepulchro.

Und wenn einer schlimme List im Schilde führt, geh er weg von diesem Grab!

Rom. CIL VI 8984.

582.

Huic monumento ustrinum aplicari non licet.

Diesem Grab darf eine Verbrennungsstätte nicht beigefügt werden.

Rom. CE 201. CIL VI 4410.

583.

D. M. Cuspiae Aegiales. Hoc sarcophag(um) aperiri n(on) lic(et).

Den Manen der Cuspia Aegiale. Diesen Sarg zu öffnen ist verboten.

Rom. DE 8108.

584.

Aus der Grabschrift des M. Aurelius Romanus

Hoc autem monumentum cum aedificio neque veniet neque donabitur neque pignori obligabitur sed nec ullo modo alienabitur, ne de nomine exeat familiae suae.

Dieses Denkmal aber mitsamt dem Gebäude soll weder verkauft noch verschenkt noch verpfändet werden, aber es soll auch nicht auf irgend eine Weise veräußert werden, damit der Name seiner Familie nicht verlorengeht.

Rom. CIL VI 13203.

585.

Hoc sepulcrum si quis vendiderit vel abalienaverit, dare debebit reipublic(ae) Puteolanorum poenae nomine HS XX mil(ia) n(umero).

Wenn einer dieses Grab verkauft oder veräußert, muß er der Gemeinde Puteoli 20000 Sesterze in Summa als Strafgeld bezahlen.

Pozzuoli-Puteoli. DE 8236.

586.

In hoc monumento socium habeo nullum; constat cum loco HS XVI (milia). In fr(onte) p(edes) XII, in agr(o) p(edes) XII.

An diesem Denkmal habe ich keinen Mitberechtigten; es kostet einschließlich des Platzes 16000 Sesterze. In der Front 12 Fuß, in der Tiefe 12 Fuß.

Rom. CIL VI 33846.

587.

L(ocus) m(onumenti) M. Papini Rhetorici in fr(onte) p(edes) XVI, in ag(ro) p(edes) XXXII.

Grabplatz des Marcus Papinius Rhetoricus, in der Front 16 Fuß, in der Tiefe 32 Fuß.

Aquileja. G. Brusin: Aquileia (Udine, 1929).

588.

Hic munimentus herede(m) non sequetur.

Dies Grab(mal) darf nicht auf einen (familienfremden) Erben übergehen. (Häufige Formel).

589.

Te, pie possessor sive colone, precor,
ne patiare meis tumulis increscere silvas:
sic tibi dona Ceres* larga det et Bromius*.

Dich bitt' ich, frommer Herr, oder wenn Pächter du bist,
dulde nicht, daß Gesträuch in meinen Gräbern hier wuch're:
dann gebe reiches Geschenk Ceres und Bromius dir!

Modena-Mutina. CE 1181. Dakt.

* Brot und Wein (Ceres und Bacchus).

590.

Grab des Fl. Dalmatius

Quisquis he(ris) post me d(o)m(inus) laris huius et orti,
vicinas mihi carpe rosas, mihi lilia pone
can]de da, q(ue) viridis dabit ortulus: ista beatum*.

Wer du auch bist nach mir der Herr dieses Hauses und Gartens,
Rosen pflücke ganz nah, leg weiße Lilien nieder;
gibt sie das Gärtchen doch gern: so will das Recht es der Toten.

Savaria, jetzt Budapest. CE 578. DI 296. 4. Jh. Hex.

* = beatorum.

591.

Saep]e meis tumulis avis* Attica parvula venit
et satiata thymo stillantia mella relinquit.
Mi volucres hic dulce (c)anent viridantibus antris.
Hic viridat tumulis laurus prope Delia nostris
et auro similes pendunt in vitibus [uva]e.

Auf meinem Grabmal erscheint gar oft das attische Bienchen
und des Thymians voll, hinterläßt es träufelnden Honig.
Süß erschallt mir der Vögel Gesang in grünenden Grotten.

* apis.

Hier auf unserem Grab erblüht fast delischer Lorbeer,
und es hängt, am Weinstock gereift, die goldene Traube.

Constantine-Cirta (Numidien). CE 468. Hex.

592.

Grab der Septima

Quisque huic tumulo possuit ardente lucernam*,
illius cineres aurea terra tegat.

Wer diesem Grabe hier gestiftet die brennende Lampe,
dessen Asche bedeck' goldene Erde dafür!

Salerno-Salernum. CE 1308. Dist.

---

* das Symbol des Lebenslichtes.

593.

„Molliter ossa cubent" dicat, rogo, quisque viator.

„Ruhe sanft das Gebein," so jeder Wanderer spreche!

Rom. CE 1458. Hex.

594.

Aufschrift auf einem Marmorsarg

Hic ego sum posita Irene, quae vixi XVIII kal(endis).
Hanc mei mi misere posuer(unt) arka parentes.

Hier ist Irenes Grab, ich lebte der Monate achtzehn.
Diesen Sarg stellten auf die Eltern der Armen, der Tochter.

Rimini-Ariminum. CE 505. Hex.

595.

Hoc natum tumulo pietas pauperrima texit
dignum maiori quem coleret titulo.

In diesem Grabe birgt armselige Liebe den Sohn mir,
und ich sollte ihn doch ehren mit größerem Prunk.

Pozzuoli-Puteoli, jetzt Neapel. CE 1172. Dist.

596.

Pro paupertate haec summo tibi tempore, coniunx,
ut potui, meritis parvola dona dedi.

Arm, wie ich bin, gab ich dir, als dein Leben erlosch, liebe Gattin,
nur dies kleine Geschenk, deinem Verdienst nicht gemäß.

Brixen-Brixia. CE 1042. Dist.

597.

Quandocumq(ue) [levis]* tellus mea conteget ossa,
incisum in duro nomen erit titulo,
tum tibi, si qua mei fatorum cura manebit,
ne grave sit tumulum visere saepe meum.

Wenn auch die Erde einmal, die leichte, deckt meine Knochen,
wenn dann mein Name steht hier auf dem harten Gestein,
dann sei, nimmt man noch teil am Schicksal, das mir beschieden,
dir es nicht schwer, recht oft aufzusuchen mein Grab.

Sicca (prov. procons.) Nordafrika. CE 966. Verschollen. Dist.

* ergänzt von Bücheler.

598.

Sic nunquam doleas atque triste suspires,
quantum doloris titulus iste testatur.

So magst du niemals leiden, traurig seufzen nie,
soviel an Schmerzen dieser Grabstein hier bezeugt.

Rom. CE 215. 2. Jh. Verschollen. Iamb.

599.

Hic ego qui sine voce loquor de marmore caeso
natus in egregiis Trallibus ex Asia
omnia Baiarum lustravi moenia saepe
propter aquas calidas deliciasque maris,
cuius honorificae vitae non immemor heres

quinquaginta* meis millibus, ut volui,
hanc aedem posuit struxidque novissima templa.
Manibus et cineri posteriisque** meis.
Set te, qui legis haec, tantum precor ut mihi dicas:
sit tibi terra levis, Socrates Astomachi.

Ohne Stimme und doch ich rede hörbar aus Marmor.
Tralles, das herrliche, war Heimat mir, aber ich zog
oft von Asien her durch alle badeberühmten
Städte, wo heißer Quell oder das Meer mich berauscht'.
Dieses Lebens gedenk, des rühmlichen, hat dann mein Erbe
Fünfzigtausend bezahlt, wie meinem Wunsche gemäß,
hat dies Denkmal gesetzt, ganz neue Bauten errichtet
für meine Manen, den Sarg und für die Opfer dazu.
Dich aber, der du dies liest, dich bitte ich, daß du mir zurufst:
„Des Astomachus Sohn, Sokrates, fühle dich wohl!"

Ostia, jetzt Rom. CE 1255. Dist.

* 50000 Sesterze = 10000 Mark. ** inferiis Totenopfer.

600.

Kritzelei auf einem großen Ziegelstein

Litera nula doccet nomen causanque sepulcri.

Wer und warum er im Grabe hier liegt, kein Buchstab' bezeugt es.

Bad Deutsch Altenburg-Carnuntum. CE 923. Hex.

601.

Te, lapis, obtestor, leviter super ossa residas,
ne nostro doleat conditus officio.

Ich beschwöre dich, Stein, daß leicht auf den Knochen du liegest,
daß nicht der Liebesdienst mache dem Toten Beschwer.

Turin-Augusta Taurinorum. CE 1474. Verschollen. Dist.

602.

Nunc recipe me, saxe, libens; tecum cura solutus ero.

Fels, nimm mich jetzt gern auf; mit dir nur bin ich sorgenfrei.

Ravenna. CE 1580. M. A.

603.

St]a, lapis, in longum et luctu defleta parentum
ne preme, nam teneri corporis ossa tegis.

Stein, steh lange noch hier und laste nicht auf den zarten
Knochen — den Eltern so lieb — dieses gebrechlichen Leibs.

Neapel. CE 1075. Dist.

604.

Qualem paupertas potuit, memoriam dedi.

Ein Denkmal stift' ich, wie die Armut mir's erlaubt.

Avignon-Avennio. CE 203. 3. Jh. Iamb.

605.

Auf einem Denkmal, von einer Frau gewidmet

Nec iussa testamento neque voce rogata,
sed pia pro meritis sponte sua posuit.

Weder nach Testament noch auf Grund von mündlichen Bitten
liebevoll, wie er's verdient, schuf sie's aus eigenem Trieb.

Narbonne-Narbo. CE 1008. 1. Jh. Dist.

606.

Inschrift einer Loculusplatte

Gentianus fidelis in pace qui vixit annis XXI mens(e)s VIII dies XVI et in o ☧ rationi(bu)s tuis roges pro nobis, quia scimus te in ☧.

Gentianus, getreu in Frieden, welcher 21 Jahre, 8 Monate, 16 Tage lebte, und in deinen Gebeten (Christusmonogramm zwischen zwei Tauben) bitte für uns, weil wir wissen, daß du in Christus lebst.

Rom. DI 2350. 4. Jh.

607.

Inschrift einer Loculusplatte

Constantio Aug(usto) II et Co(n)stanti Aug(usto) (consulibus) nonis Decemb(ribus) Clau[di]anus dormit in [pace.

Unter dem 2. Konsulat des Kaisers Constantius und dem des Kaisers Konstans entschlief am 7. Dezember Claudianus in Frieden.

Rom. DI 3226. Jahr 339.

608.

Rufina emit sibi locu bisomu a [f]ossore Alexandru.

Rufina kaufte sich ein Doppelgrab vom Totengräber Alexander.

Rom. DI 3811 E.

609.

Diogenes fossor in pace depositus octabu Kalendas Octobris.

Diogenes, Totengräber, in Frieden beigesetzt am 24. September.

Rom. DI 1321.

610.

Διονύσιος νήπιος ἄκακος ἐνθάδε κεῖτε μετὰ τῶν ἁγίων, μνήσκεσθε δὲ καὶ ἡμῶν ἐν ταῖς ἁγίαις ὑμῶν πρ(οσ)ευχα(ῖ)ς καὶ τοῦ γλύψα(ν)τος καὶ γράψαντος.

Der unschuldige Knabe Dionysios liegt hier unter den Heiligen. Gedenket aber auch unser in euren heiligen Gebeten: dessen, der das Grab ausgehöhlt, und dessen, der das geschrieben hat.

Rom. Corpus Inscriptionum Graecarum IV 9574. M. A.

XI. DROHUNGEN GEGEN GRABSCHÄNDER

Der Grabesfriede sollte gesichert sein, bei Heiden und Christen Der Grabbesitzer oder auch der Tote selbst richtet an den, der die Grabesruhe zu stören wagen sollte, Warnungen und Drohungen. War ein Toter beigesetzt, war ein zweiter außer in Familiengräbern zur Bestattung nicht zugelassen; die rechtswidrige Benutzung einer Grabstätte galt als Frevel. Sogar Flüche werden ausgestoßen über die, welche ein Grab entweihen oder gar berauben. Auch für böswillige Beschädigungen oder Verunreinigung eines Grabes oder für die profane Benutzung eines Grabsteins für Wahlzwecke (durch Anbringen von Plakaten) wurden Strafen festgesetzt. Geldbußen mußten an die pontifices, welche die Oberaufsicht über das Gräberwesen hatten, an die vestalischen Jungfrauen oder an die Staatskasse entrichtet werden. Dem Grabschänder wurde auch die Rache der Götter in Aussicht gestellt oder Krankheit angedroht. Auch die Christen fanden zugunsten des Grabschutzes kräftige Worte, in denen der Übeltäter mit der Strafe Gottes zu rechnen hatte. Der Wanderer wird gesegnet oder verflucht, je nach seinem Verhalten am Grabe.

611.

Da, quicumque legis, fletus et parce sepulcro.
Weinen, wer immer es liest, auch schonen soll er das Grabmal!

Spello-Hispellum. CE 1813. Hex.

612.

Quisque huic tutulo manus intulerit, sale et
aqua desideret.
Wer dieses Grabmal verletzt, dem sei das Wasser entzogen
nebst dem Salze!

Rom. CE 1799. Dakt.

613.

Parce meos cineres pedibus calcare protervis.

Meide mit keckem Fuß dies Grab, das meine, zu streifen!

Carthago. CE 1943. Hex.

614.

Qui hoc titulum sustulerit, habeat iratas umbras, qui hic positi sunt.

Möge den, der diesen Grabstein von der Stelle rückt, der Zorn der Schatten derer treffen, die hier begraben liegen.

Pozzuoli-Puteoli. DE 8199.

615.

Quisque Manes inquetaberit, habebit illas iratas.

Wer die Manen stört, über den wird ihr Zorn kommen.

Pozzuoli-Puteoli. DE 8201.

616.

Hospes, ita post obitum sit tibe terra levis, ut tu hic nihil laeseris aut siquis laeserit, nec superis comprobetur nec inferi recipiant, et sit ei terra gravis.

Fremdling, so möge dir nach deinem Tode die Erde leicht sein, wie du hier nichts beschädigst, oder wenn einer das Grab beschädigt, soll er weder der oberen Götter Gunst erlangen noch sollen ihn die Unterweltsgötter aufnehmen, und die Erde soll ihm drückend schwer sein.

Rom. CE 2170. DE 8190.

617.

Quisque hunc munimentum sive vendederit sive donationis causa dederit, inferent aerario Saturni sestertios quinquaginta milia nummum.

Sollte einer dieses Grabmal verkaufen oder geschenkweise weitergeben, wird er in den Tempelschatz des Saturnus 50000 Sesterze bezahlen.

Rom. DE 8224.

618.

Si quis alium corpus superposuerit, det fisco* CCC milia.

Wenn einer eine andere Leiche darauflegt, soll er in den Fiscus 300000 Denare bezahlen.

Pola. DE 8246.

619.

Qui me commusserit*, habebit deos iratos et vivus ardebit.

Wenn mich einer von der Stelle rückt, wird er den Zorn der Götter auf sich laden und bei lebendigem Leib verbrennen.

Mactaris (Nordafrika). DE 8181.

---

* = commoverit (commixerit?).

620.

Quisquis hoc sustulerit aut laeserit, ultimus suorum moriatur.

Wer diesen Grabstein beseitigt oder beschädigt, soll sterben als Letzter seines Stammes!

Rom. DE 8185a.

621.

Quisquis hoc sustulerit, faciat exitu malum.

Wer dies Grab beseitigt, nehme ein schlimmes Ende!

Rom. DE 8189.

622.

Quiqumque hinc clavos* exemerit, in oculos sibi figat.

Wer hier die Nägel entfernt, soll sie sich ins Aug' stechen!

Rom. DE 8188.

---

* Zur Befestigung der die Namen der Bestatteten tragenden Marmortäfelchen an den Urnen.

623.

... Quisqu(is) autem secus ara(m) igne(m) fecer(it), sciat se ad pontifices disputaturu(m).

... Wer aber neben dem Grabaltar Feuer macht, der wisse, er habe sich mit den Oberpriestern auseinanderzusetzen!

Rom. CIL VI 35987.

624.

Quisquae me vexsaverit, quisquae meo corpori manus intulerit, quartanas dabo ...

Wer meine Ruhe stört, wer an meine Leiche Hand anlegt, dem werde ich das Quartanfieber anwünschen ...

Civitucola-Capena. CIL XI 7767.

625.

Grab der Christin Livania

... Coniurat per diem tremendi iudicii, ne quis hoc aliquando audeat violare sepulcrum.

... Sie schwört beim Tage des furchtbaren Gerichts, niemand wage es jemals, dies Grab zu verletzen!

Potenza-Potentia. DI 3867. Verschollen. M. A.

626.

... In n(omine) Christi ebeniat* ei, cot est in psalmu CVIII**.

... Im Namen Christi geschehe dem Grabschänder, was im 108. Psalm steht!

Sorrent-Surrentum. DI 3861.

---

* eveniat ei, quod. ** Voraussage über das Schicksal der Feinde Christi.

627.

Fossor, parce, hic iam cubat.

Totengräber, laß das Grab in Ruhe! Hier liegt schon einer.

Rom. DE 8195a.

628.

Ne quis hic urina(m) faciat.

Keiner uriniere hier!

Rom. DE 8203.

629.

Qui hic mixerit aut cacarit, habeat deos superos et inferos iratos.

Wer hier seine Notdurft verrichtet, über den komme der Zorn der oberirdischen und unterirdischen Götter!

Rom. DE 8202.

630.

Stercus intra cippos qui fecerit aut violarit, nei luminibus fruatur.

Wer Unrat zwischen die Leichensteine bringt oder sie beschädigt, der soll sich des Augenlichts nicht freuen!

Verona. DE 8207b.

631.

Scriptum est:
Quod tibi fieri non vis, alio ne feceris.

Geschrieben steht:
Was du nicht willst, daß man dir tu', das füge keinem andern zu!

Concordia-Iulia Concordia. DE 8257. DI 476.

632.

Inscriptor, rogo te, ut transeas hoc monumentum ... Quoius candidati nomen in hoc monumento inscriptum fuerit, repulsam ferat neque honorem ullum unquam gerat.

Willst du etwas draufschreiben? Bitte, geh an diesem Denkmal vorbei! ... Der Kandidat, dessen Namen auf dieses Grabmal geschrieben wird, soll bei der Wahl durchfallen und keine Ehrenstelle jemals gewinnen!

Rom. DE 8207.

633.

Ita valeas, scriptor, hoc monimentum praeteri.

Ist, Schmierer, dir dein Leben lieb, geh' vorbei an diesem Grab!

Aquileja. CE 196. Iamb.

634.

Ita tibi contingant, quae vis, ut tu hoc sacrum non violes.

Deine Wünsche mögen sich so erfüllen, wie du nicht schändest dieses Heiligtum.

Monten da Po — Industria. CIL V 7475. M. A.

XII. SONSTIGE GRABSCHRIFTEN

635.

Familiengrab des C. Rubrius Urbanus

Bildlich dargestellt sind Vater und Sohn (als Soldat), auf dem Speisebett liegend und sich zutrinkend.

Qui dum vita datast, semper vivebat avarus,
heredi parcens, invidus ipse sibi.
Hic accumbentem sculpi genialiter arte
se iussit docta post sua fata manu,
ut saltem recubans in morte quiescere posset
securaque iacens ille quiete frui.
Filius a dextra residet, qui castra secutus
occidit ante patris funera maesta sui.
Sed quid defunctis prodest genialis imago?
Hoc potius ritu vivere debuerant.

Er, solang er gelebt, ein ausgesprochener Geizhals,
was er den Erben gespart, gönnte er selber sich nicht.
Meißeln ließ er sich so, bei Tische liegend behaglich,
von sachkundiger Hand, als sein Geschick sich erfüllt',
daß er im Tode doch, bequemer Lage sich freuend,
ausgestreckt mit Genuß fühle die sichere Ruh'.
Rechts von ihm sieht man den Sohn, der als Soldat und im Kriege
fiel vor dem trüben Geschick dessen, der ihn gezeugt.
Doch was nützt ein Bild, auch ein gutes, dem, der gestorben?
Leben hätten sie soll'n auf diese fröhliche Art.

Rom. CE 1106. 1. Jh. n. Chr. Dist.

636.

Grab der Julia Felicula

Felicla hic misera consumptast morte, puella
dulcis amicorum concupienda iocis.
Sit tibi terra levis tumuloque adsurgat amomum
et cingant suaves ossa sepulta rosae.

Felicla, Mädchen, dich hat der herbe Tod mir entrissen,
Süße, manch derben Spaß all deiner Freunde ein Ziel.
Sei dir die Erde leicht und Balsam ströme zum Grabmal,
tränke mit süßem Duft, Rose, das stille Gebein!

Rom. CE 1064. Dist.

637.

Vixi quod volui, semper bene, pauper, honeste.
Fraudavi nullum, quod iuvat ossa mea.

Lebte nach meinem Geschmack, stets gut, wenn auch arm, aber redlich.
Keinen betrog ich je, was mein Gebein noch erfreut.

Rom. CE 991. 1. Jh. n. Chr. Dist.

638.

Aus der Grabschrift des Zelotos, des „Beneidenswerten"

Nomine me rapuit mors inimica meo.

Meinem Namen entriß feindlich gesinnt mich der Tod.

Rom. CE 1067. Pent.

639.

Grab des L. Carrulius Epaphroditus

Hic sum positus, qui semper sine crimine vixi,
et quem mi dederat cursum Fortuna, peregi.

Hier bin ich beigesetzt, der stets ohne Laster gelebt hat,
und den Lauf, den Fortuna mir hatte beschieden, vollbracht' ich.

Ostia. CE 1105. 1. Jh. n. Chr. Verschollen. Hex.

640.

Grab der Claudia Toreuma

Hac ego bis denos nondum matura per annos
condor humo multis nota Toreuma iocis.
Exiguo vitae spatio feliciter acto
effugi crimen, longa senecta, tuum.

Zwanzig Jahre, noch nicht gereift, lieg' ich hier in der Erde,
bin Toreuma genannt, durch meine Witze berühmt.
Da eine Lebenszeit, zwar nur kurz, ich glücklich vollbrachte,
kam's, daß ich deinem Fluch, Greisenalter, entrann.

Padua-Patavium. CE 996. Dist.

641.

Grab des M. Publicius Unio

Te rogo, praeteriens, fac mora et perlege versus,
quos ego dictavi et iussi scribere quendam.
Est mihi terra levis merito, sed quiesco marmore clausus.
Reddedi depositum, coaglavi semper amicos,
nullius thalamos turbavi, nemo queretur.

Bitte, du gehst vorbei, halt ein und lies diese Verse,
die ich einem diktiert und aufzuschreiben befohlen.
Leicht ist die Erde mir wohl nach Verdienst, doch umschließt mich der Marmor.
Anvertrautes gab ich zurück, versöhnte die Freunde,
keine Ehe hab' ich gestört, und keiner wird klagen.

Frascati-Tusculum. CE 477. 2. Jh. n. Chr. Hex.

642.

Hic iacet Restutus peleger in pace fidelis.
Ex Africa venit, ut istam urbe(m) videret.
Hec invisa tellus istum voluit corpus habere;
hic quo natus fuerat, optans erat illo reverti.
Id magis crudelius, ut nullum suorumque videret.

Gläubig liegt hier in Frieden ein Fremder, mit Namen Restutus,
kam aus Afrika her, um diese Stadt zu besehen.
Dies ungastliche Land wollt' ihn als Leiche nur haben,
wo er geboren war, das wünscht' er wieder zu sehen.
Doch um so grausamer war: die Seinen fand er nicht wieder.

Aquileja. CE 2199. DI 4813 A. 4./5. Jh. Hex.

643.

Grab der Ennia Fructuosa

Quinto decimo anno mariti nomen accepit, in quo amplius quam tredecim vivere non potuit. Quae non, ut meruit, ita mortis sortem retulit: carminibus defixa iacuit per tempora mu[l]ta, ut eius spiritus vi extorqueretur quam naturae redderetur; cuius admissi vel Manes vel Di caelestes erunt sceleris vindices.

Mit fünfzehn Jahren erhielt sie den Namen Gattin, unter dem sie nicht länger als dreizehn Jahre leben durfte. Sie fand nicht das ihr angemessene Todeslos: sie lag verzaubert lange Jahre da, so daß ihr der Geist mehr mit Gewalt entrissen, als daß er der Natur zurückgegeben wurde; daß dies Verbrechen geschehen konnte, werden die Manen oder die himmlischen Götter rächen.

Lambaesis (Numidien). CE 1604. 2. Jh. M. A.

644.

LXX tecum transfers non amplius annos,
debueras tamen habuisse mille.

70 Jahre, nicht mehr, trägst du ins Jenseits hinüber,
tausend Jahre jedoch hättest du, denk ich, verdient.

Urso (Spanien)-Osuna. CIL II 1414. CE 1069 adnot. Dist.

645.

Grab der Minucia Prima

Roma tibi genus est, fatum fuit, ut Libys esses;
duceris ad Stygiam nunc miseranda ratem.

Rom zwar entstammst du, es war dein Los: in Lybien leben.
Doch — zu beklagen — besteigst jetzt du den stygischen Kahn.

Carthago. CIL VIII 12792. CE 1187. 1. Jh. n. Chr. Dist.

646.

Dion in pace bixsit annos octogenta et instituit arbores quatuor milia.

Dion lebte in Frieden achtzig Jahre lang und pflanzte viertausend Bäume an.

Tunis. A. Merlin: Inscriptions latines de la Tunisie (Paris, 1944) no. 243.

647.

Aus der Grabschrift des C. Iulius Ponticus

Peregri poteus* quam domus suae, prorsus, sicut meruit, apud Lare(s) suo(s) vita privatus est.

In der Fremde mehr als zu Haus, verließ er, wie er es wahrhaftig verdient hat, bei seinen Laren dieses Leben.

Sigus (Numidien). CIL VIII 5784.

---

* potius.

648.

Aus der Grabschrift der Gattin des Q. Pullaenius Donantius

Cultrix pudicitiae, honestae famae, quae vixit sine febribus annis XXXX d(iebus) XXVI.

Verehrerin der Schamhaftigkeit, von ehrenhaftem Ruf, welche ohne Fieberanfälle 40 Jahre, 26 Tage lebte.

Auzia (Mauretanien). CIL VIII 9050.

XIII. ABSCHIEDSWORTE DES TOTEN AN DEN GRABBESUCHER

Der Tote dankt dem Leser der Grabschrift, er bittet ihn, das Gedächtnis an die Verstorbenen lebendig zu erhalten und wünscht, daß es ihm im irdischen Leben wohl ergehen möge.

649.

Havete, amici et amicae boni, Eutyche et Oeconome et Princeps, ago memoriae vestrae gratias. B(onis) b(ene).

Lebt wohl, liebe Freunde und Freundinnen, Eutyche und Oeconomus und Princeps, ich danke euch für euer Gedenken. Guten gehe es gut!

Rom. DE 8138.

650.

Salvi eatis, salvi redeatis, et vos, qui me coronatis vel
flores iactatis, multis annis faciatis.

Geht gesund dahin, kommt gesund zurück, und ihr, die ihr mich bekränzt oder mir Blumen streut, tut das viele Jahre!

Rom. DE 1967.

651.

Họci si legisti, vade vale sisque be[atus].

Hast du gelesen, so geh, leb wohl und laß es dir gut gehn!

Ammaedara (Nordafrika). CIL VIII 11520. Hex.

652.

Tu qui legisti nomina nostra, vale.

Der du gelesen hast unsere Namen, lebwohl!

Serravalle (Ligurien)-Libarna. CE 1464. Pent.

653.

Dicite, qui legitis: „s(it) t(ibi) t(erra) l(evis)“.

Sprechet, die ihr es lest: „Leicht sei die Erde dir!“

Astigi (Spanien)-Augusta Firma. CIL II 1512. Pent.

654.

Vivas, qui dixeris: „vivit Elysiis“.

Lebe, der du gesagt, daß im Elysium er!

Salona. CE 1465. 3. Jh. n. Chr.? Pent.

655.

Sit tamen in vestro pectore cura mei.

Traget in eurer Brust stets doch Liebe zu mir!

Rom. CE 1080. 1.Jh. Pent.

656.

Quisque legis, doleas, devites talia fata.

Wer es auch liest, sei betrübt und meide solches Verhängnis!

Mailand-Mediòlanum. CIL V 6128. CE 473. Hex.

657.

Quod quisque vestrum mortuo optarit mihi,
id illi eveniat semper vivo et mortuo.

Was jeder mir von euch bei meinem Tode wünscht,
das werd' im Leben und im Tod zuteil auch ihm!

Vescovio-Forum Novum. CE 129. Hdschr. überl. 1.Jh. Iamb.

658.

Hospes gratum est quom apud meas restitistei seedes:
bene rem geras et valeas, dormias sine qura.

Ich danke, Fremder, daß du stehst an meinem Grabe:
Nun lebe wohl, sei glücklich, schlafe ohne Sorge!

Rom. CE 11. 1.Jh. Sat.

659.

Vade, age, nunc hospes, qua te via ducit euntem.

Geh nun, Fremder, wohin der Weg mag immer dich führen!

Laibach-Emona. CIL III 6475. CE 1310. Hex.

660.

Bonas vias, viator!

Glückliche Reise, Wanderer!

Unsicherer Fundort, jetzt Bukarest. DE 8136.

Cuique su(om) cipo(m).

Jedem sein eigener Grabstein!

Rom. CIL I^2 2660. Graffito in der Scipionengrabstätte.

BIBLIOGRAPHIE

I. ALLGEMEINES

Real-Encyclopädie der classischen Altertumswissenschaft, abgekürzt: RE.
O. Hiltbrunner: Kleines Lexikon der Antike (Bern-München, 4. neubearb. u. erw. Aufl. 1964).
A. Cappelli: Lexicon abbreviaturarum (Leipzig, 1901).
L. Friedlaender: Darstellungen aus der Sittengeschichte Roms in der Zeit von Augustus bis zum Ausgang der Antonine, I (Leipzig, 10. Aufl. besorgt von G. Wissowa 1922), II (1922), III (1923), IV (9. u. 10. Aufl. 1921).
J. Carcopino: Das Alltagsleben im alten Rom (Wiesbaden, 1950).
F. Stolz: Geschichte der lateinischen Sprache (Berlin, 3. stark umgearb. Aufl. von A. Debrunner 1953).
F. Crusius — H. Rubenbauer: Römische Metrik (München, 1955).
F. Cumont: Lux perpetua (Paris, 1949).
M. Simon: Verus Israel. Étude sur les relations entre chrétiens et juifs dans l'Empire romain (Paris, 1948).
U. Knoche: Der römische Ruhmesgedanke = Philologus 89 (1934) S. 102/124.
P. Lambrechts: Op de grens van heidendom en christendom: het grafschrift van Vettius Agorius Praetextatus en Fabia Aconia Paulina = Mededelingen van de Koninklijke Vlaamse Academie voor wetenschappen, letteren en schone kunsten van Belgie — Klasse der letteren Jg. XVII Nr. 3 (Brüssel, 1955) S. 3/56, Fig. I/V.
A. Stuiber: Refrigerium interim. Die Vorstellungen vom Zwischenzustand und die frühchristliche Grabeskunst (Bonn, 1957).
R. Schmoock: De M. Valeri Martialis epigrammatis sepulcralibus et dedicatoriis (Diss. Leipzig, 1911).
S. Johnson: The Obituary Epigrams of Martial = University of Kentucky Libraries, Margaret I. King Library—Occasional Contributions 44 (Lexington, 1952).
K. Prinz: Martial und die griechische Epigrammatik (Wien-

Leipzig, 1911). Vgl. auch G. Pfohl: Elemente der griechischen Epigraphik (Darmstadt, 1968) S. 38 Anm. 5 (dort ist Literatur zu Martial gesammelt).

O. Autore: Marziale e l'epigramma greco (Palermo, 1937).

H. Solin: Onomastica ed epigrafia. Riflessioni sull'esegesi onomastica delle iscrizioni romane = Quaderni Urbinati di Cultura Classica 18 (1974) S. 105/132.

P. Wuilleumier: La contribution de l'épigraphie latine à la connaissance de la civilisation romaine = Aufstieg und Niedergang, II 1 (Berlin-New York, 1974) S. 790/795.

C. Santini: L'epigrafia latina nella scuola secondaria = Didattica del Latino, programma di ricerca finanziato dal C. N. R. e svolto dall'Istituto di Filologia latina dell'Università di Perugia, III: Il „Colloquium didacticum classicum sextum" di Innsbruck.

II. EINFÜHRUNGEN IN DIE LATEINISCHE EPIGRAPHIK, HANDBÜCHER

E. Hübner: Römische Epigraphik (Nördlingen, 1886) = Handbuch der klassischen Altertumswissenschaft. 2. Aufl. 1892.

S. Ricci: Epigrafia Latina (Mailand, 1898).

J. C. Egbert: Introduction to the Study of Latin Inscriptions (New York, 2. Aufl. 1906).

R. Cagnat: Cours d'épigraphie latine (Paris, 4. durchges. u. verm. Aufl. 1914).

C. M. Kaufmann: Handbuch der altchristlichen Epigraphik (Freiburg/Br., 1917).

F. Grossi Gondi: Trattato di epigrafia cristiana latina e greca del mondo romano occidentale (Rom, 1920).

H. Dessau: Lateinische Epigraphik (Leipzig-Berlin, 1925) = Gercke — Norden, Einleitung in die Altertumswissenschaft I 10.

Dictionnaire d'archéologie chrétienne et de liturgie, hgg. von F. Cabrol — H. Leclercq, VII 1 (Paris, 1926) Sp. 694/850 s. v. Inscriptions latines chrétiennes von H. Leclercq.

J. E. Sandys: Latin Epigraphy. An Introduction to the Study of Latin Inscriptions (Cambridge, 2. Aufl. rev. von S. G. Campbell 1927).

A. E. Breccia: Avviamento e guida allo studio della storia e delle antichità classiche (Pisa, 1950).

G. Corradi: Epigrafia Romana (Turin, 1954).

P. Testini: Archeologia cristiana (Rom, 1958) S. 327/543: Epigrafia.

A. Rehm — G. Klaffenbach: Die griechischen und italischen Inschriften = U. Hausmann (Hg.): Allgemeine Grundlagen der Archäologie (München, 1969) S. 331/393.

E. V. Fedorova: Latinskaya epigrafika (Moskau, 1969).

E. Meyer: Einführung in die lateinische Epigraphik (Darmstadt, 1973).

G. Pereira Menaut: Problemas de la consideración global de las inscripciones epigráficas latinas = Papeles del Laboratorio de Arqueología de Valencia 9 (1973) S. 125/152.

A. Calderini: Epigrafia (Turin, 1974) bes. S. 200/203.

A. Ferrua: L'epigrafia cristiana prima di Costantino (Rom, 1975).

A. E. and J. S. Gordon: Album of Dated Latin Inscriptions. Rome and the Neighborhood, I (Berkeley — Los Angeles, 1958), II (1964), III (1965), IV (1965). Vgl. J. Marcillet — Jaubert: Gnomon 37 (1965) S. 799/804.

A. E. Gordon: Observations on Completing the Album of Dated Latin Inscriptions = American Journal of Archaeology 69 (1965) S. 168.

A. E. Gordon: On the Origins of the Latin Alphabet: Modern Views = California Studies in Classical Antiquity 2 (1969) S. 157/170.

H. Solin: Zur Datierung ältester lateinischer Inschriften = Glotta 47 (1969) S. 248/253.

St. Mrozek: A propos de la répartition chronologique des inscriptions latines dans le Haut-Empire = Epigraphica 35 (1973) S. 113/118.

M. Clauss: Zur Datierung stadtrömischer Inschriften: tituli militum praetorianorum = Epigraphica 35 (1973) S. 55/95.

P. Batlle Huguet: Epigrafia Latina (Barcelona, 1946, 2. Aufl. 1963).

R. Bloch: L'épigraphie latine (Paris, 1964).

G. Susini: Il lapicida Romano. Introduzione all'epigrafia Latina (Rom, 1967). Jetzt in englischer Übersetzung: G. Susini: The Roman Stonecutter. An Introduction to Latin Epigraphy. Edited with an Introduction by E. Badian. Translated by A. M. Dabrowski (Oxford, 1973).

G. N. Olcott: Thesaurus linguae Latinae epigraphicae, I (Rom,

1904).
V. Väänänen: Le latin vulgaire des inscriptions pompéiennes. Nouvelle édition revue et augmentée (Berlin, 1959), Troisième édition augmentée (1966). Vgl. Euphrosyne N. S. 2 (1968) S. 213 f.
H. Krummrey: Tradition und Fortschritt der Inschriftenreproduktion: Polyvinylchlorid zum Nutzen der Epigraphik = Helikon 6 (1966) S. 685/693.
C. Cichorius: Römische Studien. Historisches, Epigraphisches, Literargeschichtliches aus vier Jahrhunderten Roms (Leipzig, 1922) Kap. VIII S. 295/375.
I. Calabi: L'uso storiografico delle iscrizione Latine (Mailand, 1953).
I. Calabi Limentani: Epigrafia Latina. Con un'appendice bibliografica di Attilio Degrassi (Mailand, 1968, 2. Aufl. 1970).
A. Stein: Römische Inschriften in der antiken Literatur (Prag, 1931).
R. Étienne: Démographie et épigraphie = Atti del terzo congresso internazionale di epigrafia Greca e Latina (Roma 4—8 settembre 1957) (Rom, 1959) S. 415/424.
A. Mócsy: Das schätzungsweise angegebene Lebensalter auf römischen Grabinschriften = Das Altertum 12 (1966) S. 108/111.
K. Hopkins: On the Probable Age Structure of the Roman Population = Population Studies 20 (1966/67) S. 245/264.
K. K. Ery: Investigation on the Demographic Source Value of the Tombstones Originating from the Roman Period = Alba Regia 10 (1969) S. 51/67.
M. Clauss: Probleme der Lebensalterstatistiken aufgrund römischer Grabinschriften = Chiron 3 (1973) S. 395/417.
Literatur zu „Durchschnittsalter und Altersaufbau der Bevölkerung" bei E. Meyer: Einführung in die lateinische Epigraphik (1973) S. 72 f.
P. Salmon: Population et dépopulation dans l'Empire romain (Brüssel, 1974) S. 76/89: status quaestionis critique de la biométrie épigraphique.
E. Peterson: Heis Theos. Epigraphische, formgeschichtliche und religionsgeschichtliche Untersuchungen (Göttingen, 1926).
B. J. Knott: The Christian Special Language in the Inscriptions = Vigiliae Christianae. A Review of Early Christian Life and Language (Amsterdam) 10 (1956) S. 65/79.

P. A. Gaeng: An Inquiry into Local Variations in Vulgar Latin as Reflected in the Vocalism of Christian Inscriptions (Diss. Columbia University, 1965; Chapel Hill, 1968).
Á. P. Orbán: Recherches sur les différences locales dans la langue des inscriptions latines de l'antiquité chrétienne = Mélanges Christine Mohrmann. Nouveau Recueil (Utrecht — Antwerpen, 1973) S. 108/139.
C. Caesar: Observationes ad aetatem titulorum Latinorum Christianorum definiendam spectantes (Diss. Bonn, 1896).

III. METRISCHE EPIGRAPHIK

R. Reitzenstein: Epigramm = RE VI (1907) Sp. 71/111.
Enciclopedia Italiana di scienze, lettere ed arti XIV (1932) S. 89/93 s. v. Epigramma, S. 67/89 s. v. Epigrafia; Appendice II (1938—48) S. 861/863 s. v. Epigrafia.
J. Tolkiehn: Die inschriftliche Poesie der Römer = Neue Jahrbücher 7 (1901) S. 161/184. Jetzt auch bei G. Pfohl (Hg.): Das Epigramm. Zur Geschichte einer inschriftlichen und literarischen Gattung (Darmstadt, 1969).
A. B. Purdie: Some Observations on Latin Verse Inscriptions (Diss. Freiburg/Schweiz; London, 1935).
R. Chevallier: Épigraphie et Littérature à Rome (Faenza, 1972).
G. M. Sanders: Les éléments figuratifs des carmina Latina epigraphica = Anamnesis Gedenkboek Prof. Dr. E. A. Leemans (Brügge, 1970) S. 317/341.
G. M. Sanders: De Latijnse epigrafische Carmina van de oudchristelijke wereld: inventaris, problematiek, suggesties = Handelingen van het 29e Vlaams filologencongres 1973 (Zellik, 1974) S. 167/172.
L. Storoni Mazzolani: Sul mare della vita (Mailand, 1969).
H. Krummrey: Zum Plan einer neuen Sammlung der Carmina Latina Epigraphica = Philologus 108 (1964) S. 304/310.
J. W. Zarker: Studies in the *Carmina Latina Epigraphica* (Diss. Princeton, 1958).
H. Krummrey: Interpretationen lateinischer Versinschriften (Diss. Halle/S., 1961). Jetzt in Helikon 3 (1963) S. 278/300, 5 (1965) S. 318/339, Klio 48 (1967) S. 107/157.
F. A. Petrovskij: Latinskie epigraphičeskie stichotworenija (= Lateinische epigraphische Gedichte) (Moskau, 1962).

S. Mariner Bigorra: Inscripciones hispanas en verso (Madrid, 1950).
P. Kessel: De pentametro inscriptionum Latinarum (Diss. Bonn; Trier, 1908).
Zu den Wechselbezügen von Dichtern und Epitaphen vgl. R. Chevallier: Épigraphie et Littérature à Rome (1972) S. 44/49.
E. Lissberger: Das Fortleben der römischen Elegiker in den Carmina epigraphica (Diss. Tübingen, 1934).
Z. Popova: Influence de Catulle sur les Carmina Latina Epigraphica = Annuaire Univ. Sofia Fac. des Lettres 63, 2 (1969) S. 311/366.
R. P. Hoogma: Der Einfluß Vergils auf die Carmina Latina Epigraphica. Eine Studie mit besonderer Berücksichtigung der metrisch-technischen Grundsätze der Entlehnung (Amsterdam, 1959). Vgl. J. W. Zarker: American Journal of Philology 82 (1961) S. 108/111.
M. Della Corte: Elementi virgiliani nell'epigrafia pompeiana = Rivista Indo-Greco-Italica di Filologia, Lingua, Antiquità 14 (1930) S. 97/100.
J. W. Zarker: A Possible Vergilian Parody of the Carmina Latina Epigraphica = Acta of the Fifth International Congress of Greek and Latin Epigraphy Cambridge 1967 (Oxford, 1971) S. 451/453.
J. W. Zarker: A Possible Vergilian Parody of the Carmina Latina Epigraphica = Helikon 8 (1968) S. 392/398.
Z. Popova: L'influence de Tibulle sur les Carmina Latina Epigraphica = Annuaire Univ. Sofia Fac. des Lettres 61, 1 (1967) S. 103/172, 62, 2 (1968) S. 89/118.
Z. Popova: Influence de Properce sur les Carmina Latina Epigraphica = Annuaire Univ. Sofia Fac. des Lettres 67, 1 (1973) S. 55/118.
M. Burzachechi: Oggetti parlanti nelle epigrafi greche = Epigraphica 24 (1962) S. 3/54.
V. Catalano: Oggetti „parlanti“ di Olimpia. L'oinochoe di Fidia = Magna Graecia 7 (1972) No. 7/8 S. 13/16.
R. M. Rosado Fernandes: O tema das Graças na poesia clássica (Diss. Lissabon; Paris 1962).
G. Pfohl: Bibliographie der griechischen Vers-Inschriften (Hildesheim, 1964).

Fondation Hardt pour l'Étude de l'Antiquité Classique, Entretiens. Tome XIV: L'Épigramme Grecque. Sept exposés suivis de duscussions par A. E. Raubitschek, Bruno Gentili, Giuseppe Giangrande, Louis Robert, Walther Ludwig, Jules Labarbe, Albrecht Dihle, Gerhard Pfohl (Genf, 1969).

H. Häusle: Einfache und frühe Formen des griechischen Epigrammes (Diss. Innsbruck, 1976).

C. W. Clairmont: Gravestone and Epigram. Greek Memorials from the Archaic and Classical Period (Mainz, 1970).

G. Pfohl: Elemente der griechischen Epigraphik (Darmstadt, 1968).

G. Pfohl (Hg.): Inschriften der Griechen. Grab-, Weih- und Ehreninschriften (Darmstadt, 1972).

G. Pfohl (Hg.): Die griechische Elegie (Darmstadt, 1972).

IV. BULLETINS, FORSCHUNGSBERICHTE

Ephemeris Epigraphica, I/IX (1872/1913).

L'Année Épigraphique. Revue des publications épigraphiques relatives à l'antiquité romaine (Paris, 1889 ff.). Erscheint innerhalb der Revue Archéologique, ist auch separat erhältlich. Seit 1966 ganz unabhängig als eigene Zeitschrift.

Epigraphica. Rivista italiana di epigrafia (Mailand, 1939 ff.).

L. Perret: Les inscriptions romaines. Bibliographie pratique (Paris, 1924).

M. A. Merlin: Vingt années d'études sur l'épigraphie latine = Mémorial des Études latines (Paris, 1943) S. 481 ff.

H. Krummrey: Der Stand der Arbeiten am Corpus Inscriptionum Latinarum = Historische Zeitschrift 196 (1963) S. 790 f.

R. Gründel: Über Wert und Nutzen lateinischer Inschriften. 100 Jahre Corpus Inscriptionum Latinarum = Forschungen und Fortschritte 37 (1963) S. 185/187.

R. Gründel: Das Corpus Inscriptionum Latinarum und der Nutzen seiner Indizes = Das Altertum 9 (1963) S. 175/181.

R. Gruendel: Quomodo machinae electronicae ad indices CIL conficiendos usui esse possint = Zprávy Jednoty Klasických Filologu (Prag) 7 (1965) S. 7/9.

E. J. Jory — D. W. Moore: An Index to CIL VI. Two Aspects = Rev. Intern. Organ. Anc. Lang. Anal. Comput. 2 (1966) S. 7/16.

H. Krummrey: Ein Computer-Index zu CIL VI = Klio 52 (1970) S. 235/239.

E. J. Jory: Towards a Data Bank of Latin Inscriptions = Bulletin of the Institute of Classical Studies of the University of London 20 (1973) S. 145/148.

V. Weber: 100 Jahre Corpus Inscriptionum Latinarum = Klio 46 (1963) S. 282/287.

A. Neppi Mòdona: Per l'aggiornamento dei vari volumi del CIL = Helikon 4 (1964) S. 361/363.

R. Gruendel: Addenda Bibliographica praecipue ad CIL e periodico L'Année Épigraphique nominato excerpta (Berlin, 1965).

J. Reynolds: Roman Epigraphy, 1961—65 = Journal of Roman Studies 56 (1966) S. 116/121.

M. Clauss: Ausgewählte Bibliographie zur lateinischen Epigraphik der römischen Kaiserzeit (1.—3. Jh.) = Aufstieg und Niedergang, II 1 (Berlin-New York, 1974) S. 796/855.

G. Sanders: Carmina Latina Epigraphica. Eine Bibliographie (Darmstadt: Wiss. Buchges., in Vorb.).

Actes du deuxième congrès international d'épigraphie grecque et latine Paris 1952 (Paris, 1953).

Atti del terzo congresso internazionale di epigrafia Greca e Latina (Roma 4—8 settembre 1957) (Rom, 1959).

Akte des IV. internationalen Kongresses für griechische und lateinische Epigraphik (Wien, 17. bis 22. September 1962) (Wien, 1964).

Acta epigraphica II (1965). Bollettino bibliografico dell' Epigrafia greca e latina in Italia a cura di A. Soffredi e di G. C. Susini = Epigraphica (Mailand, o. J.) S. 171/201.

Acta of the Fifth International Congress of Greek and Latin Epigraphy Cambridge 1967 (Oxford, 1971).

Akten des VI. Internationalen Kongresses für Griechische und Lateinische Epigraphik München 1972 (München, 1973).

V. CORPORA, SAMMLUNGEN

Corpus Inscriptionum Latinarum (Berlin, 1863 ff.). Vgl. das Kapitel IV dieser Bibliographie.

A. Degrassi: Inscriptiones Latinae Liberae Rei Publicae, I (Göttingen, 2. Aufl. 1965), II (1963).

Inscriptiones Latinae Liberae Rei Publicae. Imagines collegit, praefatus est, notis indicibusque instruxit A. Degrassi (Berlin, 1965) = CIL Auctarium.
A. Gerstl: Supplementum epigraphicum zu CIL III für Kärnten und Osttirol 1902—1961 (Diss. Wien, 1962).
E. Weber: Supplementum epigraphicum zu CIL III für Salzburg, Steiermark, Oberösterreich und das norische Niederösterreich 1902—1964 (Diss. Wien, 1964).
E. Weber: Die römerzeitlichen Inschriften der Steiermark (Graz, 1969).
F. Hild: Supplementum epigraphicum zu CIL III. Das pannonische Niederösterreich, Burgenland und Wien 1902—1968 (Diss. Wien, 1968).
E. Weber: Zur lateinischen Epigraphik in Österreich 1902 bis 1975 = Römisches Österreich. Jahresschrift der österreichischen Gesellschaft für Archäologie 3 (1975) S. 237/293, Taf. 20/22.
Inscriptiones Italiae (Rom, 1931 ff.).
H. Solin: Epigraphische Untersuchungen in Rom und Umgebung (Helsinki, 1975).
F. Bücheler: Carmina Latina Epigraphica, I (Leipzig, 1895), II (1897), III (Supplementum, cur. E. Lommatzsch, 1926).
E. Engström: Carmina Latina Epigraphica post editam collectionem Buechelerianam in lucem prolata (Diss. Göteborg, 1911).
C. Weyman: Studien zu den Carmina Latina Epigraphica = Blätter für das Gymnasial-Schulwesen 31 (1895) S. 529/566.
H. Dessau: Inscriptiones Latinae Selectae, I (Berlin, 1892), II 1 (1902), II 2 (1906), III 1 (1914), III 2 (1916).
E. Diehl: Inscriptiones Latinae Christianae Veteres, I (Berlin, Impressio altera lucis ope perfecta et nonnullis locis correcta, J. Moreau 1961), II (Impressio altera lucis ope perfecta et nonnullis locis correcta, Addenda et corrigenda, quae notantur signis △ in fine vol. II, o in fine vol. III, ◌ in supplemento inveniuntur, 1961), III (Impressio altera etc. wie oben bei Vol. II, 1961), IV Supplementum, ed. J. Moreau + — H. I. Marrou (Dublin — Zürich, 1967).
E. Diehl: Lateinische altchristliche Inschriften mit einem Anhang jüdischer Inschriften (Bonn, 2. Aufl. 1913).
H. Zilliacus et alii: Sylloge inscriptionum Christianarum veterum Musei Vaticani, I: Textus, II: Commentarii (Helsinki, 1963).

G. Wilmanns: Exempla inscriptionum Latinarum in usum praecipue academicum composuit G. W., I/II (Berlin, 1873).
H. Willemsen: Lateinische Inschriften für den Gebrauch im Schulunterricht (Zürich-Berlin, 3. unveränd. Aufl. 1965). „Die dritte Auflage ist ein unveränderter Nachdruck der zweiten von 1933".
R. H. Barrow: A Selection of Latin Inscriptions (Oxford, 1934).
G. Galbiati: Silloge epigrafica. Iscrizioni latine e italiane (Mailand, 1960).
E. H. Warmington: Archaic Inscriptions newly Edited and Translated by E. H. W. (London-Cambridge/Mass., 3. Aufl. 1959) = Remains of Old Latin, IV (Loeb Classical Library).
E. Diehl: Altlateinische Inschriften (Berlin, 5. Aufl. durchges. von K. Schubring 1964).
A. Ernout: Recueil de textes latins archaiques (Paris, 1947).
C. Carena: Iscrizioni Latine arcaiche. Inscriptiones Latinae antiquissimae selectae (Florenz, 1954).
F. Lochner von Hüttenbach: Altlateinische Inschriften = Litterae Latinae, hgg. von W. Krause und J. Ramharter, 26 (1971/72) Fol. V S. 33/40.
A. De Rosalia: Iscrizioni latine arcaiche (Palermo, 1972).
A. Potuček: Fontes Litterarum Latinarum, II: Leben und Weben in der lateinischen Welt des Altertums, des Mittelalters und der Neuzeit. Ein lateinisches Quellenlesebuch für die siebente und achte Klasse der Gymnasien etc., 1. Teil: Texte (Reichenberg, o. J., allenfalls nach dem 8. Jänner 1937), 2. Teil: Kommentar (Vorwort vom Juli 1936).
L. Voit — H. Bengl: Römisches Erbe. Ein Lesebuch lateinischer Literatur, Textband (München, 3. Aufl. 1961), Erläuterungen (4. verb. Aufl. 1959).
E. Diehl: Vulgärlateinische Inschriften (Bonn, 1910).
Prosopographia Imperii Romani saeculi I, II, III, hgg. von E. Klebs, H. Dessau, P. v. Rohden; Neubearbeitung durch A. Groag, E. Stein, L. Petersen (Berlin, 1897/98; 1933 ff.).
W. Helbig: Die Päpstlichen Sammlungen im Vatikan und Lateran (München, 1936).
R. Noll: Griechische und lateinische Inschriften der Wiener Antikensammlung. Ein Verzeichnis. Mit 10 Abbildungen (Wien, 1962).

J. Anders: Die lateinischen Inschriften im Lapidarium des Wiener Kunsthistorischen Museums (Diss. Wien, 1950).
R. G. Collingwood — R. P. Wright: The Roman Inscriptions of Britain, I: Inscriptions on Stone (Oxford, 1965).
A. R. Burn: The Romans in Britain. An Anthology of Inscriptions. With Translation and a Running Commentary (Oxford, 2. Aufl. 1969).
M. Ihm: Damasi epigrammata (Leipzig, 1895).
A. Ferrua: Epigrammata Damasiana (Vatikanstadt, 1942).
G. Brusin: Aquileia (Udine, 1929).
E. Hübner: Inscriptiones Hispaniae Christianae (Berlin, 1876).
J. Vives: Inscripciones Latinas de la España Romana. Antología de 6.800 textos, I/II (Barcelona, 1971/72).
H. Klingelhöfer: Germania Latina. Sammlung literarischer, inschriftlicher und archäologischer Zeugnisse zur Geschichte und Kultur Westdeutschlands in der Römerzeit (Düsseldorf, 1955).
F. Vollmer: Inscriptiones Bavariae Romanae (München, 1915).
L. Voit: Raetia Latina. Quellenlesebuch zur Geschichte der römischen Donauprovinzen, Text/Kommentar (Düsseldorf, 1959).
F. Haug — P. Gössler: Die römischen Inschriften und Bildwerke Württembergs (Stuttgart, 2. Aufl. 1914).
A. Riese: Das rheinische Germanien in den antiken Inschriften (Leipzig, 1914).
H. von Petrikovits: Ausgewählte römische Steindenkmäler im Rheinischen Landesmuseum Bonn = Gymnasium. Beihefte, Heft 5: Germania Romana II Kunst und Kunstgewerbe im römischen Deutschland (Heidelberg, 1965) S. 61/91, Taf. XIV, XXIII, XXVIII/XLIV.
W. Boppert: Die frühchristlichen Inschriften des Mittelrheingebietes (Mainz, 1971).
Landesmuseum für Kärnten: Führer durch das Parkmuseum (Klagenfurt, 1952).
E. Steindl: Lateinische Inschriften auf Denkmälern von Klagenfurt = Klagenfurt — Stadtnachrichten und Amtsblatt 17 (1967) No. 4 und 5, 19 (1969) No. 9/12.
E. Steindl: Die lateinischen Inschriften von Viktring = 2. Bundesgymnasium Klagenfurt, Jahresbericht 1969/70 S. 31/44.
Lateinische Inschriften aus der römischen Schweiz, vervielfältigt vom Freien Gymnasium in Zürich.

VI. SEPULCRALIA

W. Altmann: Die römischen Grabaltäre der Kaiserzeit (Berlin, 1905).

J. K. Ammann: Zur Geschichte der biographischen Kunst bei den Griechen und Römern, I: Die Epitaphien und ihre Bedeutung für die Entwicklung der griechischen Biographie (Progr. Freiburg/Br., 1863).

B. Andreae: Studien zur römischen Grabkunst = Rheinisches Museum Erg.-Heft 9 (1963) S. 131/159.

H. Armini: Sepulcralia Latina (Diss. Göteborg, 1916).

H. Armini: Till de romerska gravinskrifternas fraseologi = Eranos 19 (1919/20) S. 45/56.

H. H. Armstrong: Autobiographic Elements in Latin Inscriptions (Baltimore, 1910) = University of Michigan Studies, Humanistic Series III 4.

A. Audin — Y. Burnand: Chronologie des épitaphes romaines de Lyon = Revue des Études Anciennes 61 (1959) S. 320 ff.

R. Besouw: Untersuchungen über den Einfluß der heidnischen auf die Form und die Vorstellungswelt der christlichen lateinischen Grabespoesie (Diss. Bonn, 1943).

E. Bethe: Ahnenbild und Familiengeschichte bei Römern und Griechen (München, 1935).

A. Betz: Epigraphischer Anhang. Das Grabmal des Optatus medicus = Carnuntum Jahrbuch (1961/62) S. 84/86, Taf. XV.

A. Betz: Zwei neue Sklaveninschriften aus Österreich = Wissenschaftliche Arbeiten aus dem Burgenland, Heft 35 (Festschrift für Alphons A. Barb) (Eisenstadt, 1966) S. 51/56.

S. M. Bigorra: Il problema degli epitaffi ripetuti e le sue derivazioni = Atti Roma (vgl. auf S. 243 dieser Bibliographie s. v. Atti del terzo congresso) S. 207/211.

G. W. van Bleek: Quae de hominum post mortem condicione doceant carmina sepulcralia Latina (Diss. Amsterdam; Rotterdam, 1907).

A. Brelich: Aspetti della morte nelle iscrizioni sepolcrali dell'impero romano (Budapest, 1937). Vgl. F. A. Sullivan: American Journal of Philology 60 (1939) S. 129/131.

F. J. Bruns: Vier Kapitel zu den carmina sepulcralia Latina in ihrer Eigenschaft als Zeugnisse für das Leben und Denken des kleinen Mannes der römischen Kaiserzeit (Diss. Göttingen, 1951).

J. Cholodniak: Carmina sepulcralia Latina epigraphica (Petersburg, 2. verb. u. verm. Aufl. 1904).

J. E. Church: Beiträge zur Sprache der lateinischen Grabinschriften, I (Diss. München, 1901).

M. Collignon: Les statues funéraires dans l'art grec (Paris, 1911).

A. Degrassi: L'indicazione dell'età nelle iscrizioni sepolcrali latine = Atti Roma (vgl. auf S. 243 dieser Bibliographie) S. 72/98. Vgl. G. Pfohl: Die inschriftliche Überlieferung der Griechen (Stuttgart, 2. durchges. Aufl. 1965) S. 7 f., G. Pfohl: Bibliographie der griechischen Vers-Inschriften (1964) Nr. 90/95.

A. Donati: Epigrafia cortonese. Testi greci e romani = Annuario XIII (1965/67) dell' Accademia Etrusca di Cortona.

R. Egger: Aus römischen Grabinschriften = Sb. Wien 252/253 (1967).

J. Esteve-Forriol: Die Trauer- und Trostgedichte in der römischen Literatur untersucht nach ihrer Topik und ihrem Motivschatz (Diss. München, 1962).

E. Galletier: Étude sur la poésie funéraire romaine d'après les inscriptions (Paris, 1922).

H. Gottanka: Epigraphische Beiträge, I: Lateinische Grabinschriften mit Angabe des Geburts-, Todes- oder Begräbnis-Tages, II: Geburtstags-Cognomina (Progr. Augsburg, 1912).

C. C. Grollios: Techne alypias. Koinoi topoi tou pros Polybion tou Seneka kai pegai auton (Thessaloniki, 1956). Vgl. R. Kassel: Gnomon 30 (1958) S. 155 f.

K. P. Harrington: Conceptions of Death and Immortality in Roman Sepulchral Inscriptions = Proceedings of the American Philosophical Society 30 (1899) S. XXVIII/XXXI.

S. G. Harrod: Latin Terms of Endearment and of Family Relationship. A Lexicographical Study Based on Volume VI of the Corpus Inscriptionum Latinarum (Princeton, 1909).

W. Hartke: ‚Sit tibi terra levis' formulae quae fuerint fata (Diss. Bonn, 1901).

J. L. Heller: Burial Customs of the Romans = Classical Weekly 25 (1931/32) S. 193/197.

N. I. Herescu: Le sens de l'épitaphe ovidienne = Ovidiana. Recherches sur Ovide publiées à l'occasion du bimillénaire de la naissance du poète par N. I. Herescu (Paris, 1958).

G. Herrlinger: Totenklage um Tiere in der antiken Dichtung.

Mit einem Anhang byzantinischer, mittellateinischer und neuhochdeutscher Tierepikedien (Stuttgart 1930). Vgl. O. Weinreich: Studien zu Martial. Literarhistorische und religionsgeschichtliche Untersuchungen (Stuttgart, 1928) 2. Kapitel.
D. Hoffmann: Die spätrömischen Soldatengrabschriften von Concordia = Museum Helveticum 20 (1963) S. 22/57.
C. Hosius: Römische Dichter auf Inschriften = Rheinisches Museum 50 (1895) S. 286/300.
H. Hundrup: Romerske gravepigrammer (Kopenhagen, 1960).
P. Huttunen: The Social Strata in the Imperial City of Rome. A Quantitative Study of the Social Representation in the Epitaphs Published Corpus Inscriptionum Latinarum Volumen VI (Diss. Oulu, 1974).
I. Kajanto: On the Freedom of Expression in Latin Epitaphs = Latomus 27 (1968) S. 185 f.
I. Kajanto: On the Idea of Eternity in Latin Epitaphs = Arctos 8 (1974) S. 59/69.
R. Kassel: Untersuchungen zur griechischen und römischen Konsolationsliteratur (München, 1958).
C. M. Kaufmann: Die Jenseitshoffnungen der Griechen und Römer nach den Sepulcralinschriften. Ein Beitrag zur monumentalen Eschatologie (Freiburg/Br., 1897).
C. M. Kaufmann: Die sepulcralen Jenseitsdenkmäler der Antike und des Urchristentums. Beiträge zur Vita-beata-Vorstellung der römischen Kaiserzeit mit besonderer Berücksichtigung der christlichen Jenseitshoffnungen (Mainz, 1900).
K. Kraemer: Die frühchristlichen Grabinschriften Triers. Untersuchungen zu Formular, Chronologie, Paläographie und Fundort (Mainz, 1974).
H. Krummrey: Stragularius — ein bisher unbekannter Beruf. Zu CIL VI 12951 + 17768 = Forschungen und Fortschritte 39 (1965) S. 303/308.
G. Lange: Den Tod betreffende Topoi in der griechischen und römischen Poesie (Diss. Leipzig, 1956).
J.-M. Lassère: Sentiments et culture d'après les épitaphes latines d'Afrique = Bulletin de l'Association Guillaume Budé 4. S., No. 2 (1965) S. 209/227.
R. Lattimore: Themes in Greek and Latin Epitaphs (Urbana/Ill., 1942, Nachdruck 1962). Vgl. F. A. Sullivan: Classical Weekly

(1943) S. 195, G. Pfohl: Gnomon 36 (1964) S. 116/120.
E. Le Blant: Des Sentiments d'affection exprimés dans quelques inscriptions antiques = Mémoires de l'Inst. Nat. de France 36 (1898) S. 223/233.
W. Lengauer: De titulis sepulcralibus Romanorum saec. I-III p. Chr. n. = Meander 27 (1972) S. 384/390, 460/467.
B. Lier: Topica carminum sepulcralium Latinorum = Philologus 62 (1903) S. 445/477, 563/603; 63 (1904) S. 54/65.
J. C. Logemann: De defunctorum virtutibus in carminibus sepulcralibus Latinis laudatis (Diss. Amsterdam; Rotterdam, 1916).
H. I. Marrou: Mousikos aner. Étude sur les scènes de la vie intellectuelle figurant sur les monuments funéraires romains (Diss. Paris; Grenoble, 1937).
E. Meyer: Menschliches auf römischen Grabsteinen = Jahrbuch der Schweizerischen Gesellschaft für Urgeschichte 36 (1945) S. 106/112, jetzt zusätzlich mit lateinischen Texten: Zeitschrift für Papyrologie und Epigraphik 14 (1974) S. 185/191.
P. von Moos: Consolatio. Studien zur mittellateinischen Trostliteratur über den Tod und zum Problem der christlichen Trauer. Testimonienband (München, 1972).
H. Nordberg: Biometrical Notes. The Information on Ancient Christian Inscriptions from Rome Concerning the Duration of Life and the Dates of Birth and Death (Helsinki, 1963).
P. Noyen: Ortus et occasus vitaque morsque itidest, ou la foi astrale en l'immortalité chez les Romains = Handelingen der Zuidnederlandse Maatschappij voor Taal- en Letterkunde en Geschiedenis (Brüssel) 9 (1955) S. 132/146. In flämischer Sprache.
W. Peek: Griechische Vers-Inschriften, I: Grab-Epigramme (Berlin, 1955). Für die griechisch-lateinischen Parallelgedichte.
W. Peek: Verzeichnis der Gedicht-Anfänge und vergleichende Übersicht zu den Griechischen Vers-Inschriften I (Berlin, 1957).
W. Peek: Griechische Grabgedichte, griechisch und deutsch (Berlin, 1960).
G. Pfannmüller: Tod, Jenseits und Unsterblichkeit in der Religion, Literatur und Philosophie der Griechen und Römer (München-Basel, 1953).
D. Pikhaus: Gedachten over het leven en de dood in de Carmina Latina Epigraphica: eigenheid en literair-filosofische afhanke-

lijkheid = Handelingen XXIX der Koninklijke Zuidnederlandse Maatschappij voor Taal- en Letterkunde en Geschiedenis (1975) S. 161/198.
F. Plessis: Poésie latine. Épitaphes. Textes choisis et commentaires (Paris, 1905).
A. Sadurska: Quelques remarques sur la datation des épitaphes romaines fondée sur la décoration en relief = Atti Roma (vgl. auf S. 243 dieser Bibliographie) S. 71/76.
G. Sanders: Bijdrage tot de studie der latijnse metrische grafschriften van het heidense Rome. De begrippen „licht" en „duisternis" en verwante themata (Brüssel, 1960).
G. M. Sanders: Latijnse mini-poezie = Spiegel Historiael 3 (September 1968) No. 9 S. 484/489.
G. Sanders: Verwantschap en vervreemding in de Latijnse Carmina Epigraphica = Handelingen XXII der Koninklijke Zuidnederlandse Maatschappij voor Taal- en Letterkunde en Geschiedenis (1968) S. 345/365.
G. M. Sanders: Sur l'authenticité des Carmina Latina Epigraphica funéraires = Akten des VI. Internationalen Kongresses für Griechische und Lateinische Epigraphik München 1972 (München, 1973) S. 410/412.
G. M. Sanders: Les épitaphes métriques latines paiennes et chrétiennes: identités et divergences = Acta of the Fifth International Congress of Greek and Latin Epigraphy Cambridge 1967 (Oxford, 1971) S. 455/459.
G. Sanders: Licht en duisternis in de christelijke grafschriften. Bijdrage tot de studie der latijnse metrische epigrafie van de vroegchristelijke tijd, I: Aards leven en licht duisternis voor en na de dood, II: Licht na de dood (Brüssel, 1965).
G. Sanders: Heidenen en Christenen van Rome: Ontmoeting bij het antieke graf (I) = De Vlaamse Gids 50 (1966) S. 281/293, (II) = a.a. O. S. 409/421.
G. M. Sanders: De oudchristelijke Latijnse grafschriften en hun lezers = Handelingen van het XXVIe Vlaams Filologencongres Gent, 29—31 maart 1967 S. 156/181.
K. Sauer: Untersuchungen zur Darstellung des Todes in der griechisch-römischen Geschichtsschreibung (Diss. Frankfurt/Main, 1928; erschienen 1930).
A. Schober: Die römischen Grabsteine von Noricum und Pan-

nonia (Wien, 1923).
H. V. Schönebeck: Altchristliche Grabdenkmäler und antike Grabgebräuche in Rom = Archiv für Religionswissenschaft 34 (1937) S. 60/80.
B. Schröder: Studien zu den Grabdenkmälern der römischen Kaiserzeit = Bonner Jahrbücher 108/109 (1902) S. 46/79.
W. Schwarzlose: De titulis sepulcralibus Latinis quaestionum capita quattuor (Diss. Halle, 1913).
H. Seidel: Über römische Grabinschriften, I (Progr. Sagan, Sagan, 1891) S. 3/22.
G. Söderström: Epigraphica Latina Africana de titulis sepulcralibus prosa oratione compositis provinciarum Byzacenae et proconsularis quaestiones selectae (Diss. Upsala, 1924).
G. Steinmetz: Was uns römische Grabinschriften erzählen können = Verhandlungen des historischen Vereins der Oberpfalz (Regensburg) 80 (1930) S. 64/84.
L. Storoni Mazzolani: Iscrizioni funerarie, sortilegi e pronostici di Roma antica (Turin, 1973).
F. A. Sullivan: Ideas of Afterlife in the Latin Verse Inscriptions (Johns Hopkins Diss., 1936).
F. A. Sullivan: Romans and Non-Romans in the Latin Metrical Epitaphs = Transactions of the American Philological Association 70 (1939) S. 503/514.
F. A. Sullivan: Charon, the Ferryman of the Dead = The Classical Journal 46 (1950) S. 11/17.
F. A. Sullivan: Virgil and the Latin Epitaphs = The Classical Journal 51 (1955) S. 17/20.
L. R. Taylor: Freedmen and Freeborn in the Epitaphs of Imperial Rome = American Journal of Philology 82 (1961) S. 113/132.
C. L. Thompson: Taedium vitae in Roman Sepulchral Inscriptions (Lancaster, 1912).
J. A. Tolman Jr.: A Study of the Sepulchral Inscriptions in Buecheler's „Carmina epigraphica Latina" (Diss. Chicago, 1910).
D. Verhaeghe-Pikhaus: La répartition géographique de quelques thèmes de la poésie funéraire latine = Akten München 1972 (1973) S. 412/414.
M. Vetters: Grabepigramme aus Österreich (Progr. Wien, 1948/49).
F. P. Weber: Aspects of Death and Correlated Aspects of Life

in Art, Epigram, and Poetry. Contributions towards an Anthology and an Iconography of the Subject. Illustrated especially by Medals, Engraved Gems, Jewels, Ivories, Antique Pottery, etc. (London, 4. rev. u. erw. Aufl. 1922).

O. Weinreich: So nah ist die Antike. Spaziergänge eines Tübinger Gelehrten (München, 1970) S. 97/180 über das Motiv „spes et fortuna valete".

B. M. Wilkinson: The Names of Children in Roman Imperial Epitaphs (Diss. Bryn Mawr College, 1961).

J. M. Willeumier-Schalij: De spreuk van de doden tot de levenden = Neophilologus 37 (1953) S. 227/233.

B. Winand: Vocabulorum Latinorum quae ad mortem spectant historia (Marburg/L., 1906).

H. Zilliacus: Anecdota sepulcralia = Arctos. Acta philologica Fennica N. S. 3 (1962) S. 229/234.

ADDENDA ET CORRIGENDA

Kleinere Korrekturen wurden schon an Ort und Stelle durchgeführt.

Zu Nr. 51: 8: Der Sinn nach Sanders, per epistulam: Unsere Liebe besteht nicht aus Worten, die man schnell vergißt.

Zu Nr. 152: W. Binsfeld: „Zeile 7: signum heißt Zuname, Übername, Spitzname".

Zu Nr. 157: CE 13: inferior versus a cottidiano sermone non differt nisi extremo verbo, quod neque redemptorem apparitorum neque apparitorem ipsum Eurysacem fuisse significat sed spectari iubet signa monumenti pistorium opificium imitantia explanata ab Iahnio in actis soc. Saxon. 1861 p. 341.

Zu Nr. 257: Sevir Augustalis: Prof. Sanders macht mich auf R. Duthoy: La fonction sociale de l'augustalité = Epigraphica 36 (1974) S. 134/154 aufmerksam.

Zu Nr. 288: W. Binsfeld: „Da der Verstorbene Levita = Diakon war, ist in Zeile 13 fides mit Glaube zu übersetzen; dem Doppelberuf Arzt-Diakon entsprechen ärztliche ars und Glaube".

Zu Nr. 331: G. M. Sanders: Anzeiger für die Altertumswissenschaft 26 (1973) Sp. 73: „. . . regretter que l'auteur n'ait pas cité plus d'inscriptions métriques de façon complète au lieu de n'en produire que l'une ou l'autre ligne. Bien que parfois il lui eût été malaisé de ranger tel texte sous telle rubrique, le lecteur y aurait trouvé une vue plus exacte des dimensions matérielles et psychologiques des CE et, ce qui est plus important, il se serait rendu compte de la complexité des conceptions romaines au sujet de l'existence et de l'au-delà, des fois même dans le cas d'un seul et même individu. Rien qu'un exemple, le n° 331 = CE 1992 = ILCV 1336, Fl. Ianuarius mil(es) vivus fecit pour sa femme Ursa (le titre donné par l'auteur est donc inexact): comment savoir qu'il s'agit d'une crestiana fidelis, que l'épitaphe est pétrie de concepts païens (fatalité, enfers, astrologie), que la plainte funèbre est d'une intensité fondamentalement désespérée ? Tout ceci me paraît être plus instructif que de ranger le n° en question sous le paragraphe de Kriegswesen".

Zu Nr. 405: G. M. Sanders: AAW 26 (1973) Sp. 73: „selon prototype de l'ère flavienne".

Zu Nr. 421: 2: G. M. Sanders: AAW 26 (1973) Sp. 73: „cmp. Virg., En. 6, 640—641; Ovid., Fast. 6, 252; Stace, Silv. 5, 1, 256; Ciris 37—38; Anth. Lat. 1, 389, 36".

Zu Nr. 430: Jetzt L. Vidman: Sylloge inscriptionum religionis Isiacae et Sarapiacae (Berlin, 1969) 789; ders.: Isis und Sarapis bei den Griechen und Römern (Berlin, 1970) S. 49, 122.

Zu Nr. 486: 5: G. M. Sanders: AAW 26 (1973) Sp. 73: „lux = vita".

Zu Nr. 487: G. M. Sanders: AAW 26 (1973) Sp. 73: „n'est pas chrétien quoique rangé sous ‚Hoffnung der Christen'".

Zu Nr. 599: G. M. Sanders: AAW 26 (1973) Sp. 73 moniert die Übersetzung des Verses 10, mit Recht — man ersieht aber hier, daß Prosaübersetzungen günstiger sind, sie vermögen den Inhalt wiederzugeben, stehen nicht unter dem Joch des Metrums.

NACHWORT

Meine Aufgabe an der Vorbereitung dieses Buches bestand zunächst darin, das Manuskript für den Setzer herzurichten, die Korrekturen vorzunehmen und die Drucklegung zu überwachen.

Eindringlicher mußte die Arbeit der Revision sein; diese jedoch konnte nur in bescheidenem Rahmen erfolgen, dessen Grenzen sich von selbst bzw. zwangsläufig ergaben. Man kann einen bestehenden Buchtext nicht umkrempeln, man akzeptiert ihn mit kleinen Modifikationen oder man akzeptiert ihn nicht. Ich habe mich gerne für das erstere entschieden. Ein eigenmächtiger Eingriff an einer Stelle hätte Folgerungen für viele andere gehabt (auch für die Übersetzungen), hätte zu Uneinheitlichkeiten geführt; ich sage das unter diesem Blickwinkel: Hieronymus Geist (gestorben am 1. September 1960) schreibt in seinem Vorwort, die vorliegende Ausgabe basiere auf epigraphischen Dokumenten, die er selber „an antiker Stätte und in Museen“ aufgezeichnet, und auf solchen, die er „in reichem Maße aus Inschriftenwerken“ übernommen habe. Dabei hat er aber die Autopsie in keinem Fall vermerkt.

Aus H. Geists Feder lag mir eine 33 Titel zählende Bibliographie in alphabetischer Reihenfolge vor. Ich habe sie erweitert und anders gruppiert.

In einer Vielzahl der in dieser Sammlung vertretenen Inschriftnummern handelt es sich nur um Auszüge aus den Epitaphen, ohne daß die Weglassungen eigens notiert werden. Auch die Verteilung der Zeilen auf dem Stein bzw. dem Denkmal schlechthin ist nicht bezeichnet. Aber das schwächt nicht den Wert der Arbeit: durch die Bildung homogener Gruppen spricht das Material selber und bietet (wohl auch protreptisch) den Grund für verschiedenartige Studien. Eine epigraphische Publikation soll dieses Buch nicht sein, die Zielsetzung ist — wie gesagt — eine andere; aber auch der Epigraphiker wird nicht leer ausgehen: die Blütenlese kostbarer und wichtiger Stellen in den Grabinschriften mag ihn auf Fährten lenken, die er selber weiter verfolgen kann.

Kurz ein letztes Wort zum ersten: zum Buchtitel! H. Geist schrieb über sein Manuskript „Römische Grabinschriften“; der Verlag akzeptierte diesen Titel. Ich hätte mich lieber für „Lateinische Grabinschriften“ entschieden, verkenne aber keineswegs die Problematik, wie sie etwa in dem Komplex „römische Kunst“

beschlossen liegt. Die wenigen Inschriften griechischer Sprache verdienten hier freilich keine Berücksichtigung.

Nürnberg/Innsbruck im November 1967 Gerhard Pfohl

Zur 2. Auflage 1976

Die Bibliographie habe ich auf neueren Stand gebracht. Für die Anzeige von „Addenda und Corrigenda" danke ich verbindlich den Herren Wolfgang Binsfeld, Winfried Elliger, Norbert Janowsky, Erich Keller, Eduard von Tunk. Ganz besonderen Dank aber schulde ich meinem fachlich hochgeschätzten und menschlich sehr verehrten Freund Gabriel M. Sanders von der Universität Gent, dessen genaue Rezensionen der zweiten Auflage dieses Buches genützt haben. Ich unterstreiche seinen Satz: Toutefois, il ne faut pas trop demander d'une série sans prétentions scientifiques. Le public cultivé aura accès à un genre de témoignages anciens qui, d'ordinaire, lui échappe. Ce qui est d'autant plus dommage qu'il se rapporte à des couches sociales dont les belles lettres ne s'occupent que trop peu, et qu'il nous conserve les pulsations de la vie quotidienne, humble, réelle, déchirante (Latomus 30 [1971] S. 856). Diese tröstlichen Worte meinen unsere Sammlung: sie mag fürderhin Anthologie und Chrestomathie aus Habe und Vermögen der weit über hunderttausend Grabinschriften sein.

München / Innsbruck im Feber 1976 Gerhard Pfohl

www.ingramcontent.com/pod-product-compliance
Lightning Source LLC
LaVergne TN
LVHW010940100826
845153LV00002B/102

* 9 7 8 3 1 1 0 3 6 1 1 4 8 *